JE NE SAIS PAS RECEVOIR

Direction éditoriale : Ghislaine Bavoillot
Direction artistique : Valérie Gautier
Suivi éditorial : Hélène Boulanger
Mise en pages : Axel Buret
Fabrication : Jean-Pierre Pompidou

MARIE-NOËL RIO

JE NE SAIS PAS RECEVOIR

MANIÈRES,
MENUS ET RECETTES
POUR INVITER
SANS PANIQUE

Flammarion

Sommaire

À la mémoire d'Elisabeth Vailland
et de Thérèse Zadora,
qui m'ont appris l'hospitalité

Pour Françoise Altman,
aussi tolérante que civilisée

Bonjour !

En principe, lorsqu'on va dîner chez des amis, on ne s'attend pas à ce qu'ils nous accueillent chaussés de charentaises et vêtus de vieux tricots déformés ; à ce qu'ils débarrassent *in extremis* un coin de divan encombré des journaux des dernières semaines afin qu'on puisse s'asseoir ; à ce qu'ils jettent dans nos assiettes une barquette surgelée à peu près réchauffée et nous pourvoient d'un rouleau de papier absorbant en guise de serviette... En principe. Nous avons tous connu de ces moments pénibles où garder bonne figure relève d'un stoïcisme antique. Non que ces hôtes soient délibérément malappris : plus probablement ils ne savent pas, mais pas du tout, recevoir.

Vous n'en êtes pas là. Vous savez. Vous avez juste quelques difficultés pratiques concernant le choix d'un menu par exemple, le temps nécessité par sa confection, les gestes efficaces qui vous trouveront détendu, le dîner prêt et votre logis impeccable au coup de sonnette de vos invités. Il arrive, aujourd'hui, que ce même coup de sonnette vous surprenne hagard, échevelé, la cuisine débordante de casseroles sales et la table pas encore dressée. Ça ne vous arrivera plus.

Vous avez aussi, parfois, quelques hésitations sur les règles de savoir-vivre qui font l'hospitalité aisée et légère, et vous n'avez pas envie pour autant de vous plonger dans les manuels spécialisés et leurs injonctions un peu formalistes et décourageantes. Vos doutes s'apaiseront lorsque, convaincu que l'unique but de la politesse est de « rendre ceux avec lesquels nous vivons contents d'eux-mêmes et de nous », vous apercevrez le fondement, le sens et aussi la relativité de ces règles. J'ai même dressé à votre intention un bref aperçu de notre évolution en matière de politesse, d'outillage et de gastronomie, parce qu'on ne peut pas séparer l'hospitalité du contexte entier de civilisation où elle se déploie. J'espère que vous aurez la patience de lire ce petit bout de théorie. Sinon, je vous plaindrai mais je ne vous en voudrai pas !

Petite histoire du savoir-vivre

Pardonne aux autres leurs transgressions. C'est à cette vertu qu'on reconnaît surtout la politesse. Ne refuse pas ta sympathie à tel compagnon parce que ses manières sont moins raffinées. Il existe des hommes qui compensent l'incivilité de leur comportement par d'autres dons. [...] Et si un de tes camarades commet sans le savoir une transgression, dis-le-lui en tête à tête et aimablement.

ÉRASME – *De civilitate morum puerilium* – Rotterdam, 1530

Qui dit hospitalité, qu'il s'agisse de la table ou du gîte, dit manières. Qui dit manières dit civilisation. Les « manières », c'est-à-dire les « bonnes manières », sont ce qui nous semble *normal* en un temps et un lieu donnés. Nous intériorisons la plupart de leurs innombrables prescriptions au point que nous les éprouvons comme des réflexes. Et cependant nous ne naissons pas civilisés : chacun de nous doit parcourir pour son propre compte, en abrégé, le processus que la société dans laquelle il vit a parcouru dans son ensemble au cours des siècles.

C'est l'excellent Mirabeau père, à la mi-temps du XVIIIe siècle, qui définit sans doute le mieux l'enjeu qui nous occupe : « Si je demandais à la plupart : "En quoi faites-vous consister la civilisation ?" on me répondrait : "La civilisation d'un peuple est l'adoucissement de ses mœurs, l'urbanité, la politesse et les connaissances répandues de manière que les bienséances y soient et tiennent lieu de lois de détail" : tout cela ne me présente que le masque de la vertu et non son visage, et la civilisation ne fait rien pour la société si elle ne lui donne le fond et la forme de la vertu. »

Le fond *et* la forme, l'âme *et* les manières : cultivons-les ensemble. Ce n'est pas affaire de moyens mais de disposition. Nous connaissons tous des gens modestes à qui leurs qualités de cœur inspirent une vraie délicatesse, comme ma regrettée Marie-Louise, institutrice de campagne qui enseigna la politesse, la tenue et la droiture à des générations d'enfants et, dotée d'une retraite misérable, sans trace d'amertume et avec une grâce de reine, tenait table ouverte et y offrait les pommes de terre et la salade de son jardin.

À l'inverse, nous avons tous croisé des gens qui auraient tout, mais tout — l'argent, le temps, l'instruction — pour se bien conduire et n'en font rien.

Mais je m'égare à cette école buissonnière...

Il nous semble *normal* d'être civilisés, nous éprouvons nos lois de pudeur et de bienséance comme naturelles et universelles, nous croyons volontiers appartenir à la patrie du goût et du raffinement, et nous oublions que rien de ce qui est humain ne relève tout à fait de la nature, que la civilisation est un processus et non pas un état, que nous devons beaucoup à d'autres peuples et que nous partageons la planète avec d'innombrables sociétés dont les usages, pour être différents des nôtres, n'en sont pas moins respectables et dignes d'intérêt.

Etre *civilisé*, c'est peut-être d'abord se méfier de tout ethnocentrisme, de toute arrogance, conserver en tout la plus prudente modestie et faire sienne cette pensée de Claude Lévi-Strauss, à qui nous devons tant dans la connaissance de ce qui est humain : « Car l'unique espoir, pour chacun de nous, de n'être pas traité en bête par ses semblables, est que tous ses semblables, lui le premier, s'éprouvent immédiatement comme êtres souffrants, et cultivent en leur for intérieur cette aptitude à la pitié [...] sans l'exercice de laquelle nous commençons à comprendre que, dans l'état de société, il ne peut y avoir ni loi, ni mœurs, et ni vertu. »

L'invention de la politesse

En 1530, Érasme, célèbre humaniste de Rotterdam, publie *De civilitate morum puerilium*, un traité de savoir-vivre qu'il qualifie de « la partie la plus grossière de la philosophie », tout en en recommandant l'étude aux jeunes gens. C'est un immense succès, le plus grand de son auteur : plus de trente réimpressions jusqu'à sa mort six ans plus tard, ventes soutenues jusqu'au XVIIIe siècle où l'on compte encore treize nouveaux tirages, innombrables traductions (en français en 1560), adaptations ou plagiats. Tous les ouvrages dits de « civilité », de « civilité puérile » ou de « civilité puérile et honnête », publiés dans toute l'Europe jusqu'au seuil du XIXe siècle, sont issus plus ou moins directement de ce best-seller.

★ Avant Érasme, les traités ne manquent pas. La plupart s'occupent des usages de table : les banquets sont le centre de la vie sociale et il importe d'y pacifier les comportements belliqueux de seigneurs qui, s'ils ne règlent plus par des duels à mort, comme leurs ancêtres celtes, leur place à table ou l'attribution des meilleurs morceaux, sont habitués à une guerre perpétuelle. Les normes du comportement courtois qu'on y trouve décrites expriment la sensibilité des éléments les plus avancés des sociétés de cour médiévales.

Outre les ouvrages de clercs savants, en latin, comme *De institutione novitiarum* de Hugo de Saint-Victor au XIIe siècle, beaucoup de règles de convenances, du XIIIe au XVe siècle, sont écrites en langue vulgaire : les documents les plus anciens viennent de Provence et d'Italie (les *Courtoisies* de Bonvicino da Riva), d'Allemagne (la *Hofzucht* attribuée à Tannhäuser), d'Angleterre (*The Boke of Nurture* de John Russel, ou *The Babees Book*), etc.

Bonvicino da Riva, par exemple, n'a rien perdu de sa pertinence :

> S'asseyant auprès d'elle, il lui dit, persuasif :
> Ne fais pas tant de bruit avec ta bouche quand
> Tu te sers d'une cuiller pour manger.
> Celui qui produit un bruit pareil avec une
> Cuiller agit comme une bête.

Ceux qui ont cette habitude, ils feront bien
De s'en débarrasser.

Il existe en outre une série de « contenances de table », en bouts rimés pour faciliter la mémorisation, qui relèvent d'une transmission orale encore très forte en ce temps où les livres sont rares et chers, et où peu de gens, même nobles, savent lire. En voici une du XIIIe siècle, d'une parfaite actualité :

ne boy pas la bouche baveuse,
car la coustume en est honteuse.

Et saurions-nous mieux dire que ces recommandations du XVe siècle ?

Enfant, jamais la bouche pleine
Tu ne dois à autruy parler,
Ne boire aussy pour avaler,
Car c'est chose par trop vileine.

Enfant, se tu est ung yvrongne
Par trop boir il est deshonneste,
Et en auras mal en teste
Et puis après honte et vergogne.

La courtoisie médiévale n'éprouve pas le besoin de justifier le maillage serré de ses prescriptions, elle enjoint : « Fais ceci ! Ne fais pas cela ! Ceci est honnête ! Ceci est honteux ! « aussi naïvement et impérieusement que la religion d'alors décide du bien et du mal, du salut et de la damnation. La notion d'individu n'existe pas encore (elle n'apparaîtra qu'à la Renaissance), seul le groupe compte et les égards qu'on lui doit : la convivialité du temps, où l'on plonge la main nue dans le plat commun, où l'on partage le verre ou l'écuelle, n'est pas encore ressentie comme une promiscuité.

★ Érasme, intellectuel de la Renaissance, reprend la plupart des prescriptions médiévales mais les place dans une perspective absolument nouvelle : les bonnes manières doivent être l'expression de l'être tout entier, elles ne sont plus destinées à policer le groupe mais à rendre chacun agréable à autrui. La courtoisie était le moyen de contrôle d'une société belliqueuse, la civilité est l'autocontrôle d'individus pacifiés. Il ne s'agit plus de se conformer mécaniquement à des lois coercitives, extérieures à soi, mais d'intérioriser les règles de la bonne conduite. Il importe d'autant plus de les bien connaître : « Quoique le comportement extérieur découle d'une âme bien faite, il arrive parfois que, par manque de formation, on déplore l'absence complète de [politesse] chez des hommes honnêtes et cultivés. » Un siècle plus tard, cet idéal du fond et de la forme, du bien et du beau trouvera corps dans « l'honnête homme », figure parfaite et achevée de la société de cour.

Le traité d'Érasme, dont le tact nous enchante encore aujourd'hui, contient aussi des chapitres à faire rougir les plus affranchis d'entre nous. C'est qu'il évoque des comportements certainement très courants à son époque mais qui sont devenus révoltants pour nos sensibilités, que ce soit pour les corriger : « Il est mal poli de saluer qui urine ou défèque », par exemple, ou pour les légitimer : « Retenir un pet produit par la nature est le fait des imbéciles, qui accordent plus à la politesse qu'à la santé. »
Ces règles-là s'effaceront progressivement des manuels de bienséance ultérieurs, elles auront disparu à la fin du XVIIIe siècle, lorsque la « civilité », qui avait remplacé l'ancienne « courtoisie », cédera à son tour le pas à la « civilisation ».

★ La bourgeoisie riche, talentueuse et éduquée qui prend officiellement le pouvoir à partir de 1789 mais l'exerce de fait depuis longtemps connaît parfaitement les codes raffinés de la civilité : la Révolution brise les anciennes structures politiques, non la continuité de la tradition des mœurs et des usages. Les façons de cour évoluent en se démocratisant, c'est-à-dire en se répandant dans une couche plus large de la société, et acquièrent un caractère national : la politesse « à la française » devient ce qui symbolise le mieux notre pays, sa spécificité culturelle et son idéal.
La personne « civilisée » est caractérisée avant tout par une manière de se présenter et de se comporter : sensibilité éduquée, conventions de style, formes de la politesse, beau langage et art de la conversation, élocution soignée, manières de table... Elle peut n'avoir à son actif aucun accomplissement culturel, ni même aucune fortune, elle n'en appartient pas moins à la classe dominante.

★ La France est sans doute le pays où, par tradition, l'affinité entre le beau et le bien est la plus sensible, et où les bonnes manières apparaissent comme l'expression même de la vertu. *La véritable élégance*, avant-propos de la baronne Staffe à son traité de savoir-vivre (autre best-seller, de 1892 celui-là, à mes yeux le seul ouvrage important de ce genre entre Érasme et nous), dresse un vibrant tableau de cette singularité :

« Oui, il donne encore ses lois au monde, en fait de politesse et de goût, celui qui, n'ayant ni la morgue et la froideur de l'homme du Nord, ni l'exubérance et la faconde de l'homme du midi, sait être digne sans

hauteur, réservé sans taciturnité, affable sans banalité, assez en dehors pour plaire, jamais trop pour devenir vulgaire ; celui qui, n'étant ni silencieux comme les races septentrionales, ni bavard comme les races méridionales, cause avec charme, *écoute avec esprit* ; celui qui, dénué du sang-froid irritant ou de l'exagération déplaisante, possède cette pointe de fougue, de brillant et de poésie, qui le transfigure dans les grands événements.
Oui, toutes les femmes de l'univers copient encore son esprit, son allure, ses façons, à cette Française qui se moque de la sensiblerie, mais que vous trouvez pleine de pitié vraie ; qui est bonne avec grâce, intelligente sans pédanterie, spirituelle avec ménagements ; qui – selon les circonstances – est, pour le mari, le camarade le plus charmant ou la *compagne* la plus dévouée ; pour les autres, la femme la plus accueillante, la plus indulgente, la plus aimable, sachant tout écouter sans bravade de cynisme, comme sans effarouchement de pruderie ridicule.
À ces traits rapidement esquissés du couple français, qui ne reconnaîtrait le type gaulois, type qui a traversé les âges. Ce composé de qualités où la raison tempère l'exaltation, où le bon sens empêche l'enthousiasme de tourner au grotesque, on l'appelle le chic en ce temps-ci, on l'appelait le *bel-air* au siècle dernier [...]
Voilà pourquoi Paris est, moralement, le pôle magnétique du monde, voilà pourquoi les peuples subissent l'attraction de notre nature, faite de bienveillance et d'élégance. »

On reste confondu devant tant de bonne grâce, de naïveté et de préjugé ethnocentrique : pour notre chère baronne, le chic que le monde entier nous envie est d'abord un fait de nature, et si nous sommes « civilisés », c'est évidemment par opposition à des peuples qui le sont moins, septentrionaux ou méridionaux. Encore ne mentionne-t-elle pas les peuples exotiques, barbares par définition : le monde, c'est l'Occident. Il est vrai qu'elle compose son traité à un moment où la puissance coloniale de la France est à son apogée : les conquêtes post-révolutionnaires se font au nom de la civilisation, comme celles des temps modernes s'étaient faites au nom de la croix. La baronne Staffe reflète les lieux communs de sa classe, de sa culture et de son époque : dans tous les domaines de l'activité humaine, qu'il s'agisse de langage, d'art, de savoir scientifique ou d'évolution technique, de règles de savoir-vivre ou de méthodes de préparation de la nourriture, la société occidentale est certaine de son écrasante supériorité sur les sociétés contemporaines plus « primitives », qu'il importe d'éduquer et qu'il est légitime d'exploiter.

★ Mais on aurait tort de juger la baronne, qui écrivait il y a plus d'un siècle, à l'aune de la sensibilité actuelle. De même que le traité d'Érasme marquait le lent passage de la courtoisie à la civilité, le sien consacre

celui de la civilité à la civilisation bourgeoise. D'où sa valeur inestimable. Aux injonctions médiévales qui réglementaient les comportements sociaux du monde chevaleresque, aux recommandations humanistes d'Érasme qui ordonnaient les activités privées et publiques des gens de cour, se substitue une *morale* qui concerne la société tout entière. Ce troisième stade de notre évolution se paie d'un prix assez lourd : le refoulement. Plus de fonctions naturelles, plus de sexualité, plus de corps ici : c'est à la famille bourgeoise qu'il incombe de dresser l'enfant en lui faisant intérioriser les règles de la pudeur. Le surmoi (et son cortège de névroses) veille au contrôle et à la répression des pulsions, le savoir-vivre peut se consacrer à la parfaite harmonie du corps social. Il va sans dire que la *mesure* qu'il préconise en toute chose est l'ennemie du changement, de la révolte ou de la convulsion. La révolution est devenue mauvais goût, et il s'agit d'intégrer pour mieux contrôler :
« La France est toujours le pays des gens du *bel-air*. Son élite, c'est-à-dire ses diverses aristocraties, forme la société la plus polie et, par suite, la plus agréable du monde. Et il ne faut, chez nous, qu'un peu d'effort au commun des mortels pour obtenir le titre envié d'homme parfaitement chic ou de femme du monde, tant la race est bien douée. Toutes les classes feraient donc bien d'ajouter aux autres cette étude facile, car nous sommes à l'époque heureuse des fortunes rapides et des promptes élévations. Il est utile d'acquérir les *belles manières* au temps de la jeunesse, pour être complètement à la hauteur des positions prochaines.
Et si l'on restait dans la sphère où le hasard nous aurait fait naître, cette étude aurait encore eu son bon côté : tenez pour certain que la soumission aux usages établis [...] empêche plus d'une action mauvaise ou vilaine ; que la politesse améliore, élève parce que son essence est l'amour et le respect du prochain » (baronne Staffe).

On peut regarder d'un œil lucide la société qui représente pour notre bonne baronne l'ordre naturel du monde, comprendre quelle fonction idéologique y remplit son traité de savoir-vivre, et adopter sans réserve le fondement qu'elle donne à la politesse. Qu'un jeune homme — ou une jeune fille — néglige d'offrir sa place à un vieillard dans l'autobus, ce n'est sans doute ni par égoïsme délibéré ni par méchanceté : il n'en a tout simplement pas l'idée. Personne ne lui a appris « l'amour et le respect du prochain » ou, comme le dit Lévi-Strauss, « l'aptitude à la pitié » sans laquelle il n'est « ni loi, ni mœurs, et ni vertu ». On naît prédateur, on devient civilisé.

Des doigts à la fourchette

« Il n'y a pas eu en Europe de véritable luxe de table, ou si l'on veut de raffinement de la table avant le XVe ou le XVIe siècle. L'Occident, sur ce point, a été en retard sur les autres civilisations du Vieux Monde », nous apprend l'historien Fernand Braudel. L'évolution des outils épouse étroitement celle des manières, et il est parfois difficile de discerner si ce sont les premiers qui décident des secondes, ou l'inverse. Comment savoir par exemple si les innombrables prescriptions s'adressant au convive médiéval naissent de la rareté des couverts et de leur usage collectif, ou si c'est l'intériorisation de ces règles qui retarde si longtemps (des siècles parfois) l'usage individuel et une large diffusion de couverts devenus accessibles, mais perçus comme inutiles ? En 1729, le père Jean-Baptiste de La Salle aura beau prescrire, dans *Les Règles de la bienséance et de la civilité chrétienne* : « On doit se servir à table d'une serviette, d'une assiette, d'un couteau, d'une cuillère et d'une fourchette », il faudra attendre deux siècles encore pour que ces usages deviennent ceux de toute la société.

La table et la salle à manger

★ Nous ne sommes plus à l'époque où les convives des festins celtiques, accroupis à même le sol, prélevaient avec les doigts leurs morceaux de viande et se passaient l'un à l'autre l'unique coupe à boire. Ces scènes, nous les voyons à peu près à l'identique peintes par Delacroix en Algérie au XIXe siècle, dans les pays lointains de nos voyages touristiques aujourd'hui ou tout bonnement dans nos pique-niques où, oubliant les usages en toute légitimité, nous retrouvons avec un plaisir enfantin les ustensiles communs, l'usage des mains, le sol.
D'ailleurs, la position assise ne s'est vraiment généralisée qu'au XIIe siècle (le mot « banquet », qui date du XIVe, vient de « banc ») et, jusqu'à la fin du XVIe siècle, la table ne compte pas : c'est la nappe que l'on partage, qui signifie l'égalité de condition ou l'honneur qu'accorde le plus grand. Seigneurs et inférieurs, maîtres et valets peuvent siéger à la même table, mais seuls les premiers mangent sur une nappe, les autres doivent se contenter du bois. Et la table n'est longtemps qu'une simple planche posée sur des tréteaux — c'est le sens oublié de l'expression « dresser la table ». Elle gardera ce style improvisé jusqu'à la fin du XVIIIe siècle, et une personne aussi riche et raffinée que Madame de Pompadour n'en connaîtra pas d'autre.
La table fixe apparaît à peu près en même temps dans l'aristocratie, avec les tables à abattants dites « à l'anglaise » (elles venaient en effet

d'Angleterre, pionnière dans ce domaine comme dans beaucoup d'affaires de confort) et, dans le milieu rural, avec les tables à manger qui remplacent le pétrin, le tonneau ou le coffre qui en tenaient lieu le plus souvent. La salle à manger reste d'avant-garde jusqu'à la même époque, y compris dans l'aristocratie, et ce n'est que dans la première moitié du XIXe siècle que la pièce consacrée aux repas s'organise dans les milieux aisés. Quant à l'espace réservé à chaque convive, il passe de soixante-quinze centimètres en 1883 à cinquante centimètres en 1925. Actuellement, dans les logements minuscules auxquels les grandes villes modernes condamnent beaucoup d'entre nous, la salle à manger a tendance à disparaître et la table à retrouver sa précarité.

La vaisselle et les couverts

★ **La vaisselle** du Moyen Âge est réduite à sa plus simple expression : chacun puise avec les doigts au plat commun et dépose sa part de viande sur un « tranchoir », épaisse tranche de pain posée ou non sur une pièce rudimentaire de bois ou d'étain, et partage l'écuelle avec un ou plusieurs voisins. La soupe est lampée à même le récipient ou prélevée à l'aide d'une cuillère qui passe de mains en mains. En 1536, François Ier passe une commande de six assiettes dont l'utilisation, sans doute, est encore collective. Si l'assiette individuelle entre dans les mœurs aristocratiques au XVIIe siècle, ce n'est pas encore le cas dans les couches populaires, comme on le voit dans les peintures des frères Le Nain. Ce sera chose faite au siècle suivant : qu'elle soit de métal précieux, de porcelaine, de faïence ou d'étain, décorée ou grossière, la classe sociale en détermine la quantité, la diversité et la qualité, mais non plus l'usage.

★ L'appropriation individuelle des verres et des couverts se généralise beaucoup plus lentement encore : on n'en ressent pas la nécessité. Lors des banquets médiévaux, on partage de rares coupes, verres ou gobelets qui circulent parmi les convives. Plus tard, **le verre** est présenté par un valet à qui le demande : on doit le rendre après en avoir avalé le contenu d'un trait. Le « nécessaire » que chaque personne de qualité, de la jeune pensionnaire au chef de famille, possède au XVIIIe siècle, comporte un couvert complet mais toujours pas de verre. C'est seulement au XIXe siècle que les personnes aisées disposent d'un, puis de plusieurs verres individuels posés sur la table devant elles. À la même époque il est courant de ne trouver encore, en milieu rural, qu'un ou deux verres pour tous les membres d'une même maison.

★ **Le couteau**, objet constant de prescriptions particulièrement sévères (dont le tabou, qui se perd dans la nuit des temps, prohibant qu'on le porte à la bouche), appartient d'abord en propre à chaque convive. Au XVIIe siècle, il devient un instrument de table que l'hôte est tenu de fournir et sa pointe s'arrondit. S'il faut en croire les *Historiettes* de Tallement des Réaux, « le chancelier Séguier se curoit un jour les dents chez le cardinal de Richelieu avec un couteau. Le cardinal s'en aperçut et commanda au maîstre d'hostel de faires espointer tous les couteaux ». Même si les instruments de table se banalisent au XIXe siècle, les hommes du peuple préfèrent longtemps encore utiliser leur couteau de poche. Et en Aubrac le couteau individuel, interdit aux femmes, demeure un apanage masculin jusqu'en 1950 !

★ Quant à **la fourchette**, on la perçoit longtemps comme un accessoire inutile, efféminé, voire pervers. Cabanès, dans ses *Mœurs intimes du temps passé*, nous raconte l'apparition de cet instrument : c'est une princesse byzantine, épousant au XIe siècle le doge vénitien Domenigo Silvio, qui apporte en Italie « de petites fourches en or et à deux dents » dont elle se sert pour porter la nourriture à sa bouche. « Cette nouveauté passa pour une marque de raffinement si outré que la dogaresse fut sévèrement objurguée par les ecclésiastiques, qui attirèrent sur elle le courroux divin. Peu après, elle était atteinte d'une maladie repoussante et saint Bonaventure n'hésita pas à déclarer que c'était un châtiment de Dieu. »
L'empereur Charles Quint, le monarque le plus puissant d'Occident, possède à sa mort une douzaine de fourchettes, le riche Charles de Savoie une. Henri III tente d'en introduire l'usage à la cour de France. Voici comment l'auteur (anonyme) de *L'Isle des Hermaphrodites* (1572) raconte l'événement : «… premièrement, ils ne touchoient jamais la viande avec les mains, mais avec des fourchettes ; ils la portoient jusques dans leur bouche en allongeant le col, et le corps sur leur assiette [...] On apporta quelques artichaux, asperges, poix, febvres ecossées, et lors ce fut un plaisir de les voir manger cecy avec leurs fourchettes ; car ceux qui n'étoient pas du tout si adroits que les autres laissoient bien autant tomber dans le plat, sur leurs assiettes et par le chemin qu'ils en mettoient en leurs bouches. » Un siècle plus tard, Louis XIV ne souhaite pas qu'on enseigne à ses fils l'usage de la fourchette. Il ne se généralise dans les milieux aisés qu'à la fin de son règne, voire plus tard encore au XVIIIe siècle : c'est alors, dans ses *Règles de bienséance*, que le père de La Salle réduit le plus possible l'éventail des mets que l'on peut toucher avec les doigts, notamment la viande, rendant ainsi l'usage de la fourchette indispensable. Et même si *The Habits of Good Society*, manuel anglais de bonnes manières du XIXe siècle, recommande : « Tout ce que l'on peut couper sans couteau, il faut le couper avec sa seule fourchette », en Cantal rural elle n'est pas encore employée au seuil du XXe siècle ! Il aura donc fallu quelque

neuf cents ans, de la dogaresse vénitienne à nos arrière-grands-pères, pour que ce petit instrument se généralise en France.

★ Nous sommes habitués à d'autres raffinements ! Couteaux et fourchettes à poisson, fourchettes à huîtres ou à gâteaux, pinces à escargots ou à crustacés, etc. Ces couverts spécifiques apparaissent dans la bourgeoisie aisée de la fin du XIXe siècle en même temps qu'une foule d'accessoires nouveaux et une multitude de verres, chacun affecté à une seule boisson. Aujourd'hui la tendance est à la simplification, faute de domestiques et surtout faute de place !

L'art du repas

Au début du XVIIIe siècle, nous apprend l'indispensable Fernand Braudel, seulement quatre pour cent de la population européenne mange du pain blanc. Les autres se contentent de pain bis, de pain noir, de pain de seigle ou de son, de bouillies d'avoine, de millet, de gruau... La faim meurtrière ne disparaît de France qu'à cette époque, pas la malnutrition, compagne efflanquée de la misère, encore familière en Bretagne au début du XXe siècle et qui regagne du terrain, aujourd'hui, dans les villes modernes.

★ L'ordinaire du peuple, de mémoire vivante, c'est la sempiternelle trilogie : pain, soupe, boisson fermentée, servie d'un bout de l'année à l'autre le matin à déjeuner, le midi à dîner, le soir à souper. On comprend que l'éphémère abondance des repas de fête soit ressentie comme un plaisir inouï !
Ces jours-là, on mange de la viande : ce peut être à mardi gras, le dernier jour du carnaval dont le nom vient de « carnis » ; à la mi-carême, moment de trêve où l'excès est permis ; ou dans toute occasion exceptionnelle, religieuse ou non : Noël, Épiphanie, Pâques, mais aussi mariage (autrefois on « portait à la noce » le cadeau de mariage, alimentaire, destiné au banquet — voir l'admirable description de Flaubert dans *Madame Bovary*), conscription (j'ai participé il n'y a pas si longtemps, en Bresse, à un « repas des conscrits » qui dura vingt-quatre heures), fin des moissons ou des vendanges, abattage du cochon...
À la fin des années soixante-dix, l'ethnologue Yvonne Verdier a rencontré en Châtillonnais les survivants d'une époque où on ne mangeait de viande de boucherie et de brioche qu'une fois l'an, le jour de la fête du village. Et je me souviens du plus beau repas de ma vie, il y a une quinzaine d'années, dans la cave d'un modeste viticulteur de Moravie,

par une glaciale nuit d'hiver : on avait tué le cochon et tout le village était là pour en partager le sang (sous forme de soupe et de boudin) et les morceaux rituels. Une grande table couverte de draps blancs était dressée entre les fûts, nous avons bu du vin et mangé des nourritures grasses et délectables, chanté des chansons et dansé toute la nuit au son des violons. Au matin, l'assemblée m'a escortée jusqu'à l'autocar qui me ramenait à Prague. Nous avons gratifié le chauffeur d'une bouteille qu'il a bue en roulant, j'étais ivre de nourriture, de vin et de joie.

C'est le manque qui fait la convoitise, et l'exception l'intensité du plaisir. En Inde, premier producteur mondial de cinéma, les stars sont loin d'être minces : dans les sociétés de pénurie l'obésité est désirable. Dans les sociétés de pléthore, par contre, la beauté doit être filiforme. À l'abondance éphémère et naïve des réjouissances de pauvres, les riches, qui ont tout, opposent la gastronomie.

★ En 1651, le livre de La Varenne, *Le Cuisinier français*, marque la naissance de la grande cuisine française et d'une nouvelle science du goût. Alors que nous devons à l'Italie les premiers instruments du service moderne, à l'Angleterre la salle à manger et son mobilier, la vaisselle de faïence la plus raffinée et les manières de table qui commandent encore, pour l'essentiel, aux nôtres aujourd'hui, le monde nous doit cet art de la bonne chère qui concerne non seulement le savoir-faire et la recherche culinaires, mais le vin, l'ordonnance du repas et tout ce qui l'entoure.
Dans notre tradition, le goût apprécie la saveur des aliments comme la valeur esthétique. Il est avant tout un exercice de la sensibilité, une sensibilité formée par le savoir, le culte du plaisir et de la beauté : pour Grimod de la Reynière, fils de fermier général et inventeur de la littérature gastronomique à la fin du XVIIIe siècle, le gourmet est à la fois lettré, libertin et esthète.
C'est ainsi que la table devient le rendez-vous du plaisir gustatif grâce à l'art de la cuisine, du plaisir esthétique grâce à l'art du décor, du plaisir social grâce à l'art d'être ensemble. « Le charme de la conversation, la gaieté, l'aimable abandon » (comme dit dans ses mémoires Madame Campan, première femme de chambre de la reine Marie-Antoinette), mais aussi la fraîcheur du linge, l'harmonie du couvert, la beauté du cadre contribuent à la réussite du repas autant que la perfection des mets et des vins. C'est, du reste, plus affaire de sensibilité que de fortune.
L'art de la gastronomie, autrefois privilège de riches, est aujourd'hui une passion pour un grand nombre de gens comme vous et moi, qui cultivent à travers elle une curiosité, un savoir et un plaisir qu'ils ne demandent qu'à partager.
« Il n'y a pas d'exemple en France, écrit Jean Cuisenier dans la préface du catalogue *Les Français et la table*, d'ustensile dont l'usage, rare

et prestigieux sur la table des princes, ne se soit diffusé plus ou moins rapidement à l'ensemble de la population, à quelques adaptations près. Il n'y a pas d'exemple non plus, et ceci est la conséquence de cela, qu'un comportement distingué ne se soit pas répandu à travers toute la population, et n'ait finalement été adopté par l'ensemble comme le comportement normal. »
Il en va de même de toutes les formes cultivées du plaisir.

Les devoirs de l'hospitalité

« Si [vos enfants] sont grands déjà, associez-les au rôle plein d'abnégation et de générosité qui est celui des maîtres du logis. Enseignez-leur que si nous devons tous nos soins à ceux qui nous tiennent de près, l'hôte, même l'hôte de quelques instants, est en quelque sorte un être sacré, parce qu'il vous donne une preuve de confiance honorable en venant sous votre toit, et que tout ce qu'il y a de meilleur et de plus beau doit lui être offert, fût-ce au prix d'une privation, d'un sacrifice. Si vous pouvez leur faire prendre de l'hospitalité, même passagère, une idée antique, orientale, tant mieux. Partout, chez vous et dans le monde, apprenez-leur qu'on doit s'oublier pour les autres, et cela sans attendre aucun retour » (baronne Staffe).

★ J'ai connu, à un âge tendre encore, une autre baronne qui ne le cédait en rien à sa devancière, et grâce à qui j'ai compris jusqu'à quelles conséquences peuvent mener les devoirs de l'hospitalité.
Elle passait la belle saison au château que sa famille possédait au bord de la Loire, un château ravissant datant de la Renaissance, entouré d'un immense domaine où son vieil oncle chassait. M'y voilà un été, pour quelques jours, en compagnie d'Oh la la !, un jeune chien à la race assez imprécise qui partageait ma vie depuis peu. C'était la première fois qu'Oh la la ! allait à la campagne et il était très excité. Je l'emmène donc faire une grande promenade en liberté à travers le domaine. Nous passons à proximité d'une fosse à purin. Oh la la !, qui n'en peut plus de nouveautés, plonge résolument dans ce purin admirable, odorant et gras, et en sort enduit jusqu'aux oreilles. Je prends la chose avec calme et nous rebroussons chemin. Sous le soleil radieux, le purin ne tarde pas à sécher en formant une croûte. C'est donc dans une décence relative que nous atteignons le château et que je mène mon chien enchanté de lui-même et de sa promenade jusqu'à notre chambre. Nous passons dans la salle de bains attenante. Je pose Oh la la ! dans la baignoire. Il me regarde avec de grands yeux inquiets parce qu'il n'a encore jamais pris de bain.

J'ouvre le robinet de la douche et j'arrose la bête, qui pousse un hurlement, jaillit de la baignoire à la vitesse de l'éclair et fonce au hasard dans la chambre, dégoulinant d'un jus épais, malodorant et noir. Le temps de fermer l'eau, je retrouve l'animal tremblant réfugié sur le lit, l'œil plein de reproches, et je constate qu'il n'a épargné dans sa course ni le fauteuil, ni la chaise, ni bien sûr le tapis qui ornent la chambre. Je précise que les meubles datent de Louis XV, que leurs tapisseries sont d'époque, que le tapis vient des Gobelins et que le couvre-lit est de soie. J'éclate en sanglots, je prends mon chien dans mes bras (ce qui a pour effet de souiller aussi mes vêtements, comme si le reste ne suffisait pas), et nous sortons à la recherche d'Hélène, à qui j'explique à travers mes hoquets le désastre irréparable que nous venons de commettre.
Elle m'a donné son mouchoir, m'a priée de ne pas m'en faire pour le tas de vieilleries qui encombrait ma chambre, m'a aidée à laver et sécher Oh la la ! dans la cour en l'appelant « pauvre bête », nous avons pris le thé, on s'est occupé de mes vêtements souillés et on m'a installée dans une autre chambre où j'ai remarqué un mobilier discrètement moderne et robuste.

L'unique souci d'Hélène, en tout cela, a été de mettre un terme à ma confusion. C'est l'exemple d'une parfaite politesse, qui est fondamentalement la crainte de blesser autrui et le désir de le préserver de tout embarras.

★ Cette politesse qui est la première obligation de l'hôte, nous la devons à tous ceux que nous croisons ou que nous côtoyons, comme à ceux avec lesquels nous vivons : nos supérieurs et nos employés, nos proches et les inconnus, quels que soient l'âge, la race, la fortune et l'éducation.
Bien sûr, mieux on connaît l'histoire des usages, mieux on comprend leur fondement et leur légitimité. Bien sûr, il vaut mieux observer les règles du savoir-vivre en cours : aujourd'hui, contrairement à l'époque d'Érasme, il est d'autant plus facile d'avoir de bonnes manières qu'à peu près tout le monde sait lire et que les manuels ne manquent pas.

Mais dites-vous que des gens assez sots pour juger autrui sur sa façon de manger les asperges manquent de cœur, d'esprit et sont, tout compte fait, mal élevés !

★★★

Usages et façons d'aujourd'hui

À table comme ailleurs en fin
Il faut songer à son prochain

Marquis de Coulanges – 1680

Quel que soit son contexte, la politesse est autant affaire d'esprit que de façons. Difficile de dissocier la philosophie (le souci d'autrui) de la pratique (les règles dictées par l'expérience), parce qu'elles sont, en réalité, étroitement dépendantes. C'est ainsi que ce chapitre entrelace le fond et la forme, la théorie et le concret, l'intuition et les conventions, dans l'unique perspective de rendre l'hospitalité légère et plaisante, que l'on reçoive ou que l'on soit reçu.

Le bon moment

J'ai connu une époque où on pouvait se rendre visite impromptu : on passait, on sonnait, quel bonheur si la personne était au logis et avait un peu de temps à nous consacrer ! Si elle était absente, on lui laissait un mot, si elle était trop occupée, elle nous le disait gentiment et on ne s'en formalisait pas. Il me semble qu'on avait le temps, beaucoup plus qu'aujourd'hui : il est vrai qu'on était dans les « Trente Glorieuses », que personne ne se souciait du travail outre mesure puisque tout le monde en avait, et qu'on se voyait plus souvent parce qu'on n'avait pas forcément le téléphone.

On s'écrivait davantage aussi, pour un oui ou pour un non : des billets, des lettres, des pneumatiques qu'on appelait « pneus », des télégrammes ou « petits bleus » dont l'employée des Postes nous relisait les mots passionnés avec une neutralité inoubliable (« je répète : je t'aime stop je t'aime éperdument stop ton corps me manque stop. Bon, ça vous fera vingt francs »).

Il me reste de cette époque un penchant pour la nonchalance, une certaine méfiance à l'égard des moyens de communication instantanée comme le téléphone, le fax ou le courrier électronique, et une prédilection pour l'écriture à la main (la première fois que j'ai reçu une déclaration d'amour tapée à la machine, j'ai failli m'évanouir d'horreur – c'était mon époux, qui est très moderne).

★ Vous connaissez certainement comme moi des tas de gens, par ailleurs très sympathiques, avec lesquels il faut compter au bas mot un délai d'une quinzaine pour espérer boire un café en leur compagnie. Toute cette agitation me semble provenir d'une confusion entre « être », « avoir » et « faire ». C'est triste. Dans cette improbabilité du hasard, la coutume de garder une place à table et une part de nourriture destinées au visiteur inattendu s'est éteinte. Cette tradition, largement partagée dans toute l'Europe jusqu'à l'époque récente dont je vous parlais tout à l'heure, était issue de l'antique droit du pauvre, « la Part-Dieu » à laquelle un quartier de Lyon doit son nom ; elle est toujours vivace chez les Juifs pratiquants, pour qui les repas de fête signifient l'obligation d'accueillir quiconque frappe à la porte : ces jours-là, l'étranger, le voyageur, le voleur ou le criminel entrent de plein droit ; dans les monastères catholiques qui pratiquent depuis le Moyen Âge la même règle d'hospitalité anonyme ; et chez les musulmans, qui doivent pendant trois jours à « l'invité de Dieu » le couvert et le gîte, selon la prescription du Coran. Chez la plupart d'entre nous, ce n'est que l'été ou entre Noël et le jour de l'an, lorsqu'il est admis de lâcher un peu la pression, que revient le goût de l'hospitalité, de l'inattendu et de l'improvisation.

★ Au moins, lorsque vous recevez, prenez le temps ! Dans la semaine, préférez le dîner au déjeuner : vous serez plus disponible le soir qu'au milieu d'une journée de travail survoltée (à l'époque gallo-romaine déjà on invitait à la *cena*, lorsque toutes les affaires du jour étaient expédiées). Si décidément vous ne pouvez voir quelqu'un qu'à midi, invitez-le au restaurant, cela vous ôtera tout souci d'organisation et vous permettra de profiter pleinement de ce moment compté.
Et surtout, chaque fois que c'est possible, choisissez les week-ends, les vacances, les périodes que vous savez paisibles, où vos préparatifs seront un plaisir et non une course contre la montre, et la présence d'autrui une joie et non une fatigue supplémentaire. Personne ne peut humainement offrir un dîner dans une situation de stress ou de surmenage.
C'est vrai d'un repas, ça l'est d'autant plus si vos invités passent un, deux ou quelques jours chez vous, ce qui exclut pratiquement toute autre occupation soutenue que le soin que vous leur devez.
De même, laissez à ceux de vos amis qui sont très occupés le temps de s'organiser et de vous répondre tranquillement : conviez-les à peu près deux semaines à l'avance, vous les trouverez aussi enjoués et détendus que vous.
Et n'hésitez pas à leur envoyer entre-temps un petit mot « pour mémoire », qui leur rappellera la date et l'heure où vous les attendez et, s'ils ne font pas partie de vos intimes, votre adresse complète (la rue et le numéro bien sûr, mais aussi le ou les codes, l'étage, etc.), voire un plan si vous habitez à la campagne.

★ Le temps, c'est aussi l'occasion. Notez dans votre agenda – ça prend à tout casser une heure par an – le jour de la fête et de l'anniversaire de ceux qui vous sont chers, la date de leur mariage ou de tout autre événement important : ainsi vous n'oublierez pas d'envoyer une carte, des fleurs, ou d'organiser une petite fête au moment opportun.
Arrosez les succès et sachez consoler les chagrins – deux amies pleines d'âge, de bonté et d'expérience ont été mes institutrices : lorsqu'elles soupçonnaient mon moral de tomber à zéro, l'une (Thérèse, la Polonaise) déclarait « voilà l'occasion idéale pour boire une petite vodka », l'autre (Lili, l'Italo-Russo-Française) « c'est le moment d'ouvrir une bouteille de champagne », ce qui avait le don de me faire rire et, la griserie aidant, d'éloigner mes tracas. Leur affection et leur sagesse m'ont sauvée de bien des désespoirs.
Remettez à l'honneur des traditions tombées en désuétude : même s'il est un peu compliqué, en ville, de célébrer la fin des vendanges ou l'abattage du cochon, on peut fêter les solstices et les équinoxes, offrir à la Saint-Nicolas des brioches anthropomorphes dites *Mannela* (petits hommes) comme en Alsace, à Noël le « Gros souper » provençal (tout

le monde aime la Provence) ou l'oie rôtie berlinoise (si vous avez des Allemands dans votre entourage, comme moi un mari), la galette des rois à l'Épiphanie, les crêpes à la Chandeleur (qu'il faut faire sauter avec une pièce d'or dans la main pour être riche toute l'année), à Pâques la *pascha* ou le *mazurek* (il se pourrait qu'une branche de votre famille soit polonaise, comme ma belle-sœur adorée et, par voie de conséquence, la moitié de ma nièce), la soupe de pois cassés à la première gelée (comme en Hollande, où j'ai beaucoup d'amis), etc.
Tout est bon pour créer l'occasion, il suffit d'un peu d'attention et de curiosité. Et puis garder vivantes ou faire découvrir d'anciennes traditions, c'est non seulement donner du plaisir mais contribuer, à notre modeste échelle, à l'entretien de la mémoire et du savoir populaires qui sont une part très importante de notre patrimoine.

La simplicité

Il n'est question ici ni des réceptions fastueuses et ostentatoires qui étaient la règle au Moyen Âge et le sont encore dans certaines circonstances et certains milieux, ni des cérémonies plus ou moins officielles telles que le mariage ou le baptême, mais seulement de ces petites fêtes privées toutes dévouées à l'amitié et au plaisir, telles qu'elles apparurent au XVIIIe siècle, lorsqu'on inventa les Lumières en même temps que l'art de vivre. Il n'est pas nécessaire pour recevoir de disposer de revenus fastueux, d'un hôtel particulier et d'une nombreuse domesticité, mais simplement d'un logis, d'une cuisinière électrique ou à gaz et d'un équipement minimum. Et je suppose que vous faites à peu près tout vous-même, comme c'est mon cas, avec ou sans le concours d'une femme de ménage.

★ Dans le domaine pratique, je ne vois que deux règles absolues : n'invitez pas plus d'amis que votre logis ne peut en accueillir ; faites en sorte que tout soit prêt à leur arrivée. Le reste est relatif.

★ Je me souviens du premier dîner que j'ai offert, à vingt ans : j'habitais une chambre de bonne pourvue d'un lavabo pour toute commodité et j'ai servi un bœuf aux carottes plus que convenable, que j'avais cuit sur un camping-gaz et que nous avons dévoré, mes deux camarades et moi (je ne possédais de vaisselle que pour trois), assis par terre avec nos assiettes sur les genoux (je n'avais rien qui puisse tenir lieu de table). Nous nous sommes constellés de sauce et nous étions très contents.

Aujourd'hui je dispose de deux domiciles. Une garçonnière minuscule équipée d'une cuisine en proportion, où le nombre de convives est limité à quatre et où on mange autour d'une table basse, assis sur des chaises de nourrice ; j'y invite à dîner mes intimes et n'y héberge pour la nuit, en dehors de mon époux lorsqu'il est dans les parages, que mes amies les plus sûres, celles avec lesquelles j'aime traîner le matin en peignoir jusqu'à des heures impossibles et qui ne rechignent pas à camper sportivement sur le divan de dépannage. Le second est le domicile conjugal, plus spacieux, doté d'une chambre d'amis et d'une salle à manger où on peut traiter confortablement six personnes. Nous y accueillons plus libéralement à dîner mais, parce qu'il n'y a qu'une seule salle de bains, n'y hébergeons que ceux de nos proches que nous pouvons croiser sans gêne en pyjama dans l'escalier. Lorsque d'autres amis nous rendent visite, nous nous excusons de ne pas pouvoir les loger et nous chargeons de leur trouver un hôtel à proximité, dont le confort correspond à leurs besoins et le prix à leur budget (ne pas craindre de leur poser la question : ils vous sauront gré de cette simplicité), ou au nôtre si nous réglons la note.

★ Fiez-vous à votre tact, que le Petit Robert définit comme « l'appréciation intuitive, spontanée et délicate de ce qu'il convient de dire, de faire ou d'éviter dans les relations humaines », et Jean Cocteau, avec un zeste d'impertinence, comme « l'art de savoir jusqu'où on peut aller trop loin ». Tout est affaire de personnes, de circonstances et de moyens. Tel adore l'improvisation et l'indépendance, tel autre est perdu si vous ne vous occupez pas de lui à chaque instant ; tel s'épanouit dans un confort douillet, tel autre dans une simplicité spartiate... Offrez à autrui ce que vous imaginez lui convenir le mieux, qu'il s'agisse de commodités, de nourritures terrestres, de conversation ou de divertissement, vous ne vous tromperez pas. Et surtout sans effort apparent, qui l'embarrasserait : cela demande une réflexion approfondie et détaillée sur ses goûts et ses besoins, une préparation minutieuse, donc du temps. Cette préméditation est le plus généreux des cadeaux.

L'hôte aimable

Que l'on reçoive ou que l'on soit reçu, la condition du plaisir, sinon sa garantie, repose sur la connaissance et le respect de quelques règles : aucun domaine de l'activité humaine n'échappe à la culture, qu'il s'agisse du langage, de l'amour, de la cuisine ou de l'hospitalité. Et prétendre, comme on l'entend quelquefois, que la règle tue la nature, c'est-à-dire la fantaisie et la spontanéité, est une sottise qui ne sert généralement qu'à légitimer l'ignorance, le sans-gêne et la grossièreté.

★ ***La première règle est la ponctualité.*** Je ne remercierai jamais assez ma maman qui m'a seriné : « l'exactitude est la politesse des rois » (à ma connaissance l'unique parole historique de Louis XVIII), jusqu'à ce que le dernier de mes neurones en soit imprégné pour toujours.

★ Si vous recevez, tout doit être prêt au coup de sonnette de vos invités, vous le savez : votre logis, ce que vous offrez et vous-même ; ainsi vous serez tout à vos amis qui ne s'attendent pas à vous regarder dresser la table et cuisiner s'ils viennent dîner, ou préparer leur lit s'ils séjournent chez vous, voire à faire tout cela eux-mêmes (ça m'est arrivé plus d'une fois !), mais espèrent le plaisir de votre compagnie détendue et de votre conversation.

★ Si vous êtes reçu, sonnez à la porte à l'heure dite – il est poli d'arriver en retard en Espagne, pas en France où on dîne à vingt heures ou vingt heures trente, et où on accepte un battement d'un quart d'heure, dit « quart d'heure diplomatique ». Au-delà, téléphonez pour prévenir et vous excuser, mais un retard prolongé ne devrait pas exister parce qu'il a toute chance d'embarrasser votre hôte dont le dîner sera trop cuit, et les autres convives qui ont fait, eux, l'effort d'être ponctuels. Quoi qu'il en soit, ou tous les invités sont en retard et on n'a pas d'autre choix que de les attendre stoïquement, ou on passe à table une demi-heure après l'heure convenue, et les retardataires devront se glisser dans le cours du repas.
Ce qui peut advenir de plus affreux, c'est d'oublier purement et simplement une invitation (ça m'est arrivé, j'ai failli mourir de confusion). Il n'y a qu'une chose à faire, avouer et demander pardon : et on vous pardonnera volontiers si vous êtes sincèrement contrit. Rien ne vous empêche d'ajouter par-dessus le marché le plus joli bouquet, les meilleurs chocolats ou les meilleurs cigares que vous puissiez trouver (selon le cas), accompagnés d'une lettre qui vient du cœur.
Mais lorsque les gens sont décidément grossiers – je me rappelle un couple venu dîner chez moi sans trace de gêne et sans un mot d'excuse deux heures après l'heure convenue –, on s'abstient de tout commentaire et on ne les invite plus.

★ Et puis il faut savoir partir ! En France, on prend congé à vingt-trois heures trente, minuit exceptionnellement : au-delà la nuit risque d'être trop courte pour ceux qui nous reçoivent. Si on traîne un peu et qu'on se voit proposer des rafraîchissements, on l'entendra comme le signal discret de lever le camp – à moins que notre hôte n'ajoute explicitement que son offre ne dissimule aucune arrière-pensée.

★ La ponctualité vaut aussi, bien sûr, pour un séjour : même si le reste du temps est laissé à l'entière liberté de chacun, l'heure d'arrivée, l'heure de départ, les heures des repas pris en commun doivent être scrupuleusement respectées, sauf à embêter tout le monde.

★ ***La deuxième règle est la discrétion***, qui doit s'exercer partout.

★ La plupart d'entre nous aiment les enfants. Pourtant nous avons tous l'affreuse expérience de dîners ou de séjours dont nous sortons hagards, sans avoir pu jouir de la moindre conversation ou du moindre repos, parce qu'ils auront été gâchés par le babil, les pleurs ou l'agitation d'enfants trop jeunes ou mal élevés. Il faut quelques années et une éducation soutenue pour qu'un enfant renonce à être le centre de l'attention, et à ce moment-là il préfère généralement la compagnie de ceux de son âge à celle des adultes, avec lesquels il s'ennuie très vite. Les adultes, à moins d'être le papa, la maman ou un pédagogue passionné, ont également tendance à préférer leur propre génération et s'ennuient itou. Lorsque nous invitons sous notre toit, assurons-nous donc que nous pouvons faire mener à nos petits leur vie d'enfants sans l'imposer à nos amis, et lorsque nous sommes invités, n'emmenons jamais nos rejetons sans y être expressément conviés.

★ Quant aux animaux, vous savez les désastres qu'ils peuvent provoquer (voir p. 21-22 l'histoire d'Oh la la !). Dans un registre plus bénin, vous connaissez certainement des propriétaires d'animaux de compagnie qui oublient toute mesure dès qu'il s'agit de leurs protégés, alors qu'ils sont par ailleurs très bien élevés. C'est ainsi qu'une de mes plus chères amies trouve normal d'emmener partout un chien qui pour être charmant n'en est pas moins habitué à se vautrer sur les genoux, les divans et les fauteuils, à quémander à table et être, comme un petit enfant, le centre de l'attention. Cela peut agacer, voire gêner : songeons que beaucoup de gens ne raffolent pas des bêtes ou souffrent de phobies ou d'allergies. N'imposons nos animaux à personne et surtout, surtout, ne les emmenons jamais chez autrui sans son accord.

★ Un autre adversaire de la discrétion est le téléphone : j'ai planté là, un jour, un vieux copain chez qui je dînais, excédée par une conversation téléphonique qui avait commencé vingt minutes plus tôt, alors que j'étais à peine arrivée, et durait encore. Il m'a rattrapée dans l'escalier, m'a demandé pardon, a décroché son appareil, et nous avons passé une soirée civilisée. Lorsqu'on reçoit, s'il est impossible de débrancher le téléphone ou d'allumer le répondeur parce que nous attendons un appel d'une importance vitale, excusons-nous auprès de nos amis et demandons à nos correspondants quand et où nous pouvons les rappeler, ou écourtons au maximum la communication si nous ne pouvons vraiment pas y surseoir : c'est tout ce qu'on peut accepter. De même, évitons d'utiliser le téléphone de nos amis, à moins d'une urgence extraordinaire, et dans ce cas soyons aussi brefs que possible. Lors d'un séjour, il y a toujours un bureau de poste ou une cabine téléphonique à proximité, et c'est le moment ou jamais d'utiliser un portable, dans sa chambre ou dehors, cela va sans dire (mais je le dis quand même, tant les abus courants de cette récente commodité m'ahurissent).

★ Enfin, il arrive parfois que nous séjournions chez des amis qui ont la chance d'avoir des domestiques (ce n'est certainement pas une raison pour ne pas ranger notre chambre et nos affaires de toilette, refaire notre lit, rincer le lavabo et la baignoire, comme il se doit). Ne leur donnons jamais d'ordre mais, s'ils nous rendent service, laissons-leur à notre départ un pourboire sous enveloppe, en les remerciant, autant que possible hors de la présence de nos hôtes.
S'il n'y a pas de personnel, n'hésitons pas à mettre la main à la pâte : courses, cuisine, couvert, vaisselle, tout sera bienvenu ! Il ne s'agit évidemment pas de nous transformer en domestiques, mais d'alléger un peu la charge matérielle de notre présence. N'hésitons pas non plus à les inviter au restaurant, ce qui sera pour eux un plaisir de vacances !

★ ***La troisième règle est l'affabilité.***

★ Celui qui reçoit, recommande la bonne baronne Staffe, prendra soin de ne pas être trop chic pour ne pas gêner des invités qui seraient vêtus modestement, assez pour ne pas embarrasser ceux qui seraient très élégants. Son premier devoir est de les présenter les uns aux autres s'ils ne se connaissent pas, en n'oubliant pas un mot aimable pour qualifier chacun : le plus jeune au plus âgé, l'homme à la femme, les plus jeunes couples à leurs aînés en commençant par les épouses, etc. Il doit s'efforcer, dans la conversation, de « mettre en lumière tous les dons et qualités des autres, et s'effacer entièrement ». Il s'agit de donner à chacun, quelles que soient les différences de fortune ou d'éducation, l'impression qu'il est parfaitement estimé et parfaitement à sa place. Brillat-Savarin résume d'un mot les devoirs de l'hôte civilisé : recevoir ses amis revient à « se charger de leur bonheur tant qu'ils sont sous votre toit ».

★ Les devoirs sont réciproques. L'invité, reprend notre chère baronne, « doit arriver en dispositions gaies, agréables et bienveillantes. Il n'est pas obligé à faire montre d'une gaieté folle, mais il lui faut être aimable et souriant. Il n'est pas tenu d'entasser louange sur éloge, mais il ne doit pas être désobligeant. » Il se gardera en particulier de « blesser son hôte, en manifestant un dédain supérieur pour ce qui fait sa joie ou sa fierté ». Aurait-il beaucoup d'esprit qu'il lui faudrait, tout en en faisant jouir la compagnie, se garder de monopoliser la conversation, savoir se taire pour écouter et résister à la tentation d'un « mot » qui risquerait d'offenser. Il s'efforcera aussi de « réprimer toute susceptibilité mal placée : – en général, les gens bien élevés, aimables, ceux qui sont pleins d'attentions et de politesse pour les autres ne sont guère susceptibles ; par la bonne raison que, n'ayant jamais l'intention de blesser personne, ils ne croient pas qu'on veuille leur être désagréable ».

★ Un tel climat ne laisse aucune place aux médisants ou aux fats, aussi assommants les uns que les autres, assez répandus, hélas, mais que rien n'oblige à subir ! Évitons de les fréquenter, invitons seulement ceux dont nous savons la compagnie aimable, et associons-les dans trois cas : soit qu'ils se connaissent et s'apprécient, soit qu'ils aient envie de se connaître, soit que nous pensions qu'ils devraient se connaître (et si ça rate, n'en faisons pas un drame ! Contentons-nous de ne pas insister).

★ Rappelons aussi que la politesse passe par de menus rituels dont il est préférable d'être familier : ils facilitent nos rapports sociaux mais surtout, loin de relever de formalismes dépassés, sont généralement une excellente traduction des égards qu'entraîne un authentique souci d'autrui.

★ Lorsque nous séjournons chez des amis, nous leur offrons bien sûr dès notre arrivée un cadeau choisi avec le plus grand soin, et nous les remercions avec effusion au moment du départ. Mais pensons-nous, dans la semaine qui suit, à leur écrire une « lettre de château » pour leur dire combien leur hospitalité nous a touchés ? Cet usage charmant vient de l'époque où on passait l'été d'un château l'autre, il ne demande pas beaucoup plus de temps qu'un coup de téléphone et il fait autrement plaisir.
Lorsqu'on va dîner pour la première fois chez quelqu'un, on arrive les mains vides ; mais on n'oubliera pas de remercier dès le lendemain par un mot, des fleurs ou des douceurs (on aura profité du dîner pour sentir les goûts de ses hôtes).
La deuxième fois et les suivantes, on arrivera avec un cadeau à la main, ni trop chiche, ni trop somptueux : classiquement des fleurs, une

bouteille, des friandises, mais aussi un livre, un disque, un objet dont le choix résultera d'une intuition plus fine (j'en profite pour vous recommander de ne jamais apporter, sauf accord explicite, de glaces ou de pâtisseries : vous pourriez embarrasser votre hôte, qui a probablement préparé un dessert) ; cela ne nous dispense pas d'un mot ou d'un coup de téléphone le lendemain.
Même si on n'est pas très argenté, on trouvera le moyen d'avoir une attention : une ou trois jolies fleurs (elles s'offrent en nombre impair), un livre de poche choisi avec soin, des douceurs qu'on aura confectionnées soi-même feront sûrement plaisir parce qu'on y verra la seule chose importante, une pensée informée par l'affection.
Et si c'est vous qui recevez et qu'on vous offre des fleurs, arrangez-les tout de suite dans un vase que vous poserez en évidence au salon ; des chocolats ou des douceurs, offrez-en à tout le monde avec le café, les infusions et les alcools ; un livre ou un disque, ne manquez pas d'en donner votre commentaire après lecture ou écoute, etc.

★ Je m'arrête : à vous rappeler toutes ces façons que vous connaissez sans doute par le menu, je finirais par vous ennuyer et ce serait impardonnable !

Invitez sans panique : le cas du dîner

L'idéal d'un fin dîner, c'est qu'on soit servi sans qu'on s'en aperçoive. Toute distraction intempestive, qui détourne l'attention et entrave la dégustation des mets et des vins, tout bruit malséant qui interrompt une phrase commencée, froisse l'oreille ou préoccupe l'esprit, doivent être sévèrement bannis.

HENRY HAVARD – *L'art dans la maison* – Paris, 1883.

Vous vous êtes assuré que vous disposez d'assez d'espace, de sièges, de places à table (en principe cinquante centimètres par convive depuis 1925, comme vous savez), de vaisselle, de linge, avant de convier vos invités, étant entendu que ces évaluations sont surtout affaire de tact (voir p. 26-27). Vous allez maintenant tout préparer – le logis, le couvert, ce que vous servirez à manger et à boire de l'apéritif au digestif – afin d'être détendu et disponible lorsqu'ils sonneront à la porte.

La maison accueillante

★ Quel que soit votre logis, il brillera de propreté et respirera la fraîcheur. Recevoir est une excellente occasion de faire le ménage en grand et de tout briquer à fond, en particulier dans les pièces ouvertes à vos invités : entrée, salon, salle à manger, mais aussi salle de bains et toilettes. Veillez également au reste : quelqu'un peut avoir besoin de s'allonger au calme un moment, et vous seriez bien embêté d'avoir laissé votre chambre en foutoir. Si vous ne disposez que d'une ou deux pièces, raison de plus pour qu'elles soient impeccables. Et si la cuisine est aussi la salle à manger, effacez toute trace du labeur nécessité par la préparation du repas (épluchures, casseroles sales, etc.), pour ne garder que le strict nécessaire au fourneau.

★ Prévoyez de quoi ranger les vêtements : suspendus à un portemanteau ou dans une penderie, ou étendus sur votre lit si vous manquez de place. S'il pleut, préparez des cintres en nombre suffisant dans la salle de bains, afin que les vêtements sèchent pendant la soirée. Ayez du détachant et une brosse à habits au cas où quelqu'un se salirait. Et une brosse à chaussures si on arrivait les souliers crottés.

★ Dans la salle de bains, disposez en évidence un savon neuf et une ou deux serviettes fraîches, une brosse à cheveux et un peigne d'une parfaite propreté, une boîte de mouchoirs en papier. Des bâtonnets à ongles et des limes en carton dans un gobelet, quoique pas indispensables, peuvent être bienvenus. N'oubliez pas une poubelle bien visible. Assurez-vous enfin que vous possédez ce qu'il faut pour soigner les maux de tête ou d'estomac et les blessures bénignes (coton, désinfectant, pansements adhésifs, aspirine, Alka-Seltzer...). Ne vous effrayez pas : vous avez déjà tout ça à la maison.

★ Dans les toilettes, posez à vue une réserve de papier et, plus discrètement, une boîte de protections périodiques contenant également des sachets à jeter. La poubelle, ici, sera pourvue d'un couvercle.

★ Éclairez joliment le salon, fleurissez-le en évitant les variétés trop parfumées qui peuvent incommoder, et sans excès : ce serait le diable si personne ne vous apportait de fleurs ! Gardez donc assez de vases et de place pour les disposer.
Préparez sur un plateau tout ce qu'il faut pour l'apéritif (voir p. 51-52) et posez-le sur une table basse. Si vous n'avez ni salon ni table basse, ne vous découragez pas et posez le plateau sur un tabouret, voire par terre, à portée de vos invités. Même si, comme moi, vous ne fumez pas, j'espère que vous n'êtes pas de ces intégristes qui empêchent les autres de se livrer

à leurs plaisirs favoris, quoi que vous puissiez en penser – vous aérerez ensuite. Ayez donc deux sortes de cigarettes (brunes et blondes), des allumettes, des cendriers que je vous conseille vivement de munir d'éteignoirs, petits cylindres métalliques qui étouffent une cigarette en une ou deux secondes et évitent l'odeur pénible du tabac froid. Au moment de passer à table, vous emporterez prestement tout ça à la cuisine. Si vous n'avez pas de cuisine ou si vous y mangez, contentez-vous de vider les cendriers et de poser le plateau dans un coin où il ne dérangera pas. Après le dîner, c'est aussi au salon que vous servirez le café, les infusions, les alcools et les friandises du digestif (voir p. 52) : plateau préparé à l'avance et cendriers derechef.

★ La salle à manger sera elle aussi joliment éclairée et la table mise avec le plus d'élégance qu'on peut. C'est impératif dans tous les cas, n'auriez-vous qu'une pièce ou qu'une table à tréteaux : on affectera au dîner le maximum de confort dont on dispose. Le reste supporte plus facilement un peu de précarité, à condition, comme on l'a vu plus haut, de l'aménager soigneusement.

La table

★ Il y a deux façons d'habiller une table : avec des napperons individuels ou une nappe. La première est parfaite si le meuble lui-même est beau : Lydia, ma meilleure amie qui est aussi la première lectrice du présent ouvrage encore à l'état de manuscrit, a renoncé aux nappes, qu'elle collectionnait pourtant, après avoir fait l'acquisition d'une magnifique table en zinc dont la vue et le toucher sont en eux-mêmes un plaisir. La seconde, pour peu que la nappe soit jolie, peut transformer en chef-d'œuvre la plus hideuse planche sur tréteaux – et ce n'est pas une question d'argent : les plus belles nappes que je possède sont des draps de gros lin ou de chanvre trouvés aux Puces pour trois fois rien. Dans les deux cas le linge et les serviettes doivent être immaculés et bien repassés. Évitez le papier, le « non tissé » et le synthétique, dont le toucher est assez désagréable, pour ne rien dire des pailles et des toiles cirées qu'il vaut mieux réserver à la famille (si elle est assez indulgente !) et au plein air. Notez que je vous donne des façons générales, donc moyennes : si vous avez un tact et une imagination à la Cocteau, vous pouvez décider, comme mon amie Barbara, de transformer une double page de votre journal quotidien en napperon et l'assortir d'une serviette en papier rouge vif, ce sera d'un chic fou !

★ « Mettre le couvert » n'existe dans notre acception que depuis le XVIIe siècle. Avant, cela consistait à couvrir les plats d'un linge entre la

cuisine et le service. Il est vrai qu'il n'y avait guère de couverts alors, ni aucun des raffinements de table qui nous sont familiers.
Mettre un joli couvert est plus affaire de goût que de fortune : il n'est pas besoin de porcelaine rare mais d'une simple vaisselle de faïence, ni ébréchée ni fêlée bien sûr ; pas de cristal, mais de verre étincelant (attention aux traces de calcaire, ne ménagez pas le torchon) ; pas d'argenterie, mais d'acier inoxydable, bien briqué lui aussi... Cela dit, si vous possédez porcelaine, cristal et argenterie, tant mieux ! Votre table sera d'autant plus brillante. Rappelez-vous cependant les tableaux de Chardin et l'élégance dépouillée qu'ils mettent en scène, et vous saurez simplicité garder.
Quoi qu'il en soit, puisqu'en principe on change de couvert après chaque plat, vous pourrez aussi, si vous en avez les moyens, changer de style : cela fera autant de jolies surprises. Veillez seulement à ce que tout le monde dispose de la même vaisselle en même temps, à moins que vous n'ayez, là encore, le génie du bizarre. Et dans le cas où vous manqueriez de matériel, personne ne vous en voudra de garder le même couvert d'un plat à l'autre, à condition que cela ne contrarie pas la saveur des mets.

★ Face à chacun vous disposerez l'assiette qui convient à l'entrée ; si vous servez un potage, posez l'assiette creuse sur une assiette plate (c'est plus joli et ça évite les taches sur la nappe dès le début du repas) et débarrassez-les toutes les deux en même temps.
À droite de l'assiette vous rangerez les couteaux, tranchant tourné vers l'intérieur (cela fait partie des règles de non-agression concernant cet instrument) : le couteau destiné à la viande ou le couteau à poisson, selon ce que vous servez, le couteau pour l'entrée ou la cuillère à soupe, pointe tournée vers la table, le tout dans l'ordre d'utilisation en partant de l'extérieur. Le porte-couteau, si vous en avez, se place là aussi, bien sûr, légèrement au-dessus de la batterie que je viens de décrire.
À gauche vous rangerez les fourchettes, pointes tournées vers la table (pour les mêmes raisons de non-agression, moins universelles cependant que dans le cas du couteau : dans les pays anglo-saxons, par exemple, on présente les fourchettes et les cuillères pointes en l'air), également dans l'ordre de leur utilisation. Puis la serviette, que vous pouvez aussi poser sur l'assiette dans le cas où vous manquez de place. Et, si vous en servez, un petit pain individuel, soit dans la serviette où qu'elle soit disposée, soit dans une petite assiette *ad hoc* posée à gauche un peu plus haut que les fourchettes.
Au-dessus et au milieu de l'assiette vous rangerez les verres, là aussi dans l'ordre de leur utilisation, en partant de la droite ou de la gauche, comme vous voudrez, et en commençant par le verre à eau (n'auriez-vous que deux sortes de verres qu'il faudrait celui-là, et un autre pour le vin).

Vous aurez préparé à la cuisine toute la vaisselle nécessaire au repas, et les couverts qu'il faut avec les assiettes destinées au fromage et au dessert : vous présenterez à chacun son assiette garnie au moment du service. Vous pouvez aussi disposer ces couverts horizontalement entre l'assiette et les verres en dressant la table, mais ça risque d'être un peu chargé.
Posez une petite salière tous les deux convives, et un ou deux moulins à poivre pour toute la tablée (le poivre acheté moulu a généralement un goût prononcé de savon). N'oubliez pas les cendriers individuels pour les fumeurs, qui auront à cœur de s'abstenir au moins jusqu'au dessert. Au moment de passer à table, vous ajouterez une ou deux jolies corbeilles pleines de pain frais, assez de carafes d'eau glacée et de bouteilles de vin pour que chaque homme en ait à portée de main : c'est à lui qu'il incombe de servir sa voisine.

★ Ensuite, c'est affaire de décoration. Évitez les éléments trop hauts ou volumineux, qui gêneraient la vue et le confort, et cherchez par exemple votre inspiration dans les traditions populaires, voire les tableaux que vous aimez : votre table en sera à la fois belle et savante. Je n'insiste pas davantage, parce que j'ai confiance en votre imagination et votre fantaisie.

Le plan de table

★ En dehors des questions de sévère protocole (si vous recevez un roi, un prince du sang, le pape, un cardinal, bref, ce genre de personnes) pour lesquelles je vous renvoie aux manuels spécialisés, c'est très simple. Celui qui reçoit s'assoit en face de sa compagne, soit aux deux extrémités d'une table rectangulaire (comme on fait en Angleterre), soit au milieu (comme on fait en France), soit n'importe où autour d'une table ronde. À la droite de l'hôte, l'invitée que l'on considère comme la plus importante (parce que le dîner est en son honneur, ou à cause de son âge, de sa notoriété, de son esprit, de l'affection qu'on lui porte), à la droite de l'hôtesse, l'invité correspondant. Ensuite on alterne homme et femme (cette tradition date du Moyen Âge), en respectant le fait qu'on ne place pas côte à côte un couple marié depuis plus d'un an. Ça donne à peu près ceci, sachant que ces figures de base s'adaptent à toutes les circonstances et se prêtent à toutes les variations (H = homme, F = femme ; on suppose des couples, même s'ils ne sont formés que pour l'occasion ; les numéros croissent à mesure que décroît l'importance affectée à chacun – les tables rondes sont les plus agréables parce que cette hiérarchie s'y estompe) :

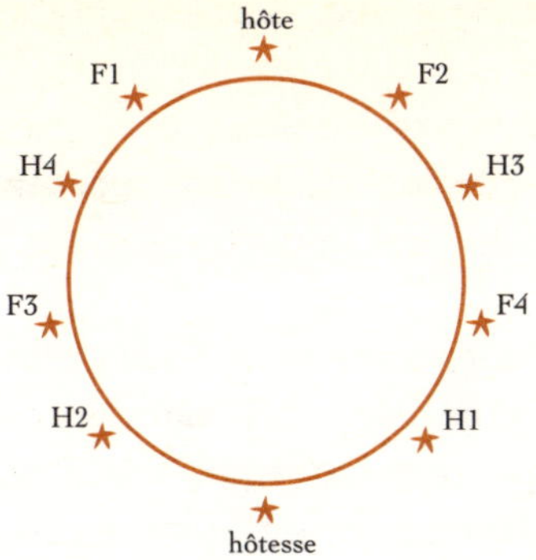

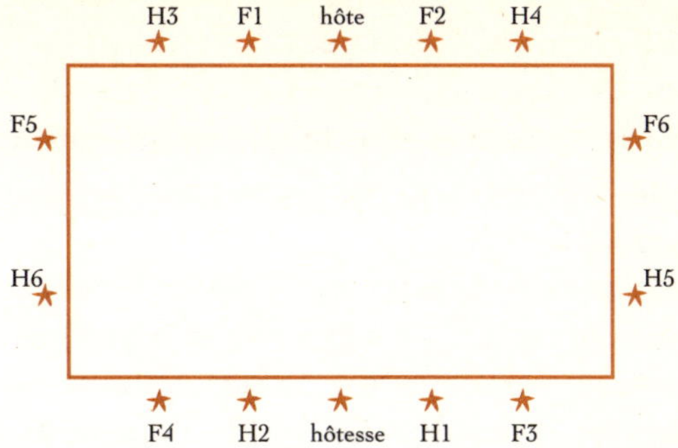

★ Voilà : vous avez mené à bien l'une des conditions de la réussite de votre dîner, puisque aucune contrainte pratique ne pèsera plus sur son déroulement. Le reste tient à la qualité des nourritures terrestres, donc aux mets et aux vins (il en est abondamment question à partir de la p. 59), et spirituelles, donc à la conversation, à votre talent et à celui de vos convives.

Invitez sans panique : le cas du séjour

Si vos amis passent chez vous un week-end ou quelques jours, vous aurez à cœur de déployer une aussi exacte prévoyance. Au moment de leur arrivée tout doit être prêt. Votre logis sera aussi rutilant que dans le cas du dîner (voir ci-dessus), et vous aurez en outre à préparer le logement de chacun.

★ ***Dans la chambre*** (s'agirait-il du divan dans le séjour), commencez par un joli bouquet : rien ne dira mieux votre plaisir de recevoir vos amis.
Faites le lit avec votre meilleur linge, en gardant cependant le tact souhaitable : si vous recevez un homme, ne le gratifiez pas de vos draps garnis de dentelles et de vos couvertures en mohair rose à moins d'être certain que ce soit de son goût.
Prévoyez un ou deux plaids pour les frileux.
Videz l'armoire ou la penderie du maximum de vos effets personnels, assurez-vous qu'il s'y trouve un nombre suffisant de cintres en bon état (pas de ces morceaux de fil de fer que donnent les teinturiers) et que les petits sachets odorants (lavande, ambre, pot-pourris divers...) qui parfument les étagères ne sont pas complètement défraîchis – si c'est le cas, n'hésitez pas à les remplacer : ça coûte quelques centimes

et ça fait très plaisir. Si vous ne pratiquez pas ce genre de raffinements, c'est l'occasion de vous lancer !
Vérifiez les ampoules électriques et la répartition de la lumière : une lampe de chevet pour chacun, une lampe sur le bureau ou le secrétaire si la chambre en contient, une autre qu'allume l'interrupteur de la porte d'entrée.
Une corbeille de fruits de saison, les assiettes, les couverts et les petites serviettes qu'il faut pour leur dégustation, voire des chocolats ou des bonbons si c'est un faible notoire, seront une attention de plus. Cigarettes, briquet et cendriers itou. N'oubliez pas une bouteille d'eau minérale et des verres pour la nuit.
Prévoyez un guide de la ville ou de la région si vos amis ne les connaissent pas, du papier à lettres et des enveloppes, un petit bouquet de crayons et de stylos dans un gobelet. Il va sans dire que vos livres, vos journaux et vos disques sont à disposition – et s'il se trouvait quelqu'un d'assez indélicat pour en emporter dans ses bagages (cela arrive parfois, hélas), ne sombrez pas dans une défiance généralisée, contentez-vous de ne plus l'inviter.

★ ***Dans la salle de bains***, disposez deux serviettes de toilette, une grande et une petite, et un gant par personne ; un savon frais, un shampoing neutre, un tube de dentifrice ; une brosse à dents neuve au cas où quelqu'un aurait oublié la sienne, un peigne et une brosse à cheveux d'une scrupuleuse propreté ; et, en évidence, les menus accessoires indispensables : coton à démaquiller, mouchoirs en papier, cotons-tiges, petite pharmacie... Un séchoir à cheveux est toujours bienvenu. Ce n'est pas bien compliqué : vous avez tout cela en permanence à la maison.
Si vous partagez la salle de bains familiale avec vos invités, dotez-les de toutes les commodités décrites ci-dessus, et prévoyez en plus un peignoir par personne, parce qu'ils auront pu l'oublier et que là, c'est vraiment nécessaire. Quant à vous, débrouillez-vous pour devenir presque invisible : expédiez votre toilette à l'aube et au plus fort de la nuit, laissez les lieux dans une propreté immaculée, occupez le moins d'espace possible avec vos petites affaires personnelles, etc. Au cas où vous n'en auriez pas l'expérience, c'est assez pénible. Sauf à réserver comme moi ce cas de figure à des intimes, avec lesquels on n'est pas obligé à une discipline aussi stricte.

★ ***À la cuisine***, est-il nécessaire de le dire, les courses sont faites, les menus composés, certains plats préparés. Mais ne vous transformez pas en esclave ! Offrez à vos amis un solide petit déjeuner (voir p. 46-47) et un dîner soigné, mais ne vous occupez pas du déjeuner. Si vraiment vous y tenez, préparez un pique-nique ou une

collation. Sinon, sur les sites que vous les emmènerez visiter comme dans les paysages où ils improviseront des baignades ou des promenades, il se trouvera partout des petits cafés bien honnêtes où ils seront ravis de se restaurer.
Vous passeriez autrement votre vie aux fourneaux !

★ ***Pour les divertissements***, faites preuve d'imagination. En ville, ayez le programme des musées, des galeries d'art, des théâtres et des cinémas, sélectionnez ce qui vous semble le plus intéressant, mais n'oubliez pas les promenades à pied et les endroits insolites (qu'il s'agisse de rues, de monuments, de bistrots, de boutiques ou de marchés...). À la campagne, louez des bicyclettes, cherchez des itinéraires secrets, trouvez des buts de balades (de ruines en champignons, de fermes en lacs à truites, de châteaux en paysages) et prévoyez, selon la saison, des bottes en caoutchouc et des cirés ou des maillots et des draps de bain pour tout le monde.

★ Quoi qu'il en soit, même si nos invités sont d'une farouche indépendance et se trouvent bien de ne pas nous avoir constamment avec eux, recevoir demande une attention soutenue. Je laisserai à notre chère baronne Staffe le soin de conclure : « Les gens indolents font mieux de se refuser la satisfaction de recevoir leurs amis [...] On doit à ses invités son temps, ses pensées ; ils sont l'objet des plus constantes préoccupations. »

Abécédaire des manières de table

On est souvent embarrassé faute de connaître les convenances, toutes simples, qu'il vaut mieux observer à table. Je vous livre ici ce qui me vient à l'idée (j'en oublie certainement !). Mais gardons notre sérénité : si on ne sait pas comment manger un mets inhabituel ou à quoi servent des couverts qu'on n'a jamais vus, observons la maîtresse de maison (ou la personne qui en tient lieu) : il lui incombe de s'asseoir la première lorsque chacun connaît sa place à table, comme de commencer à manger lorsque tout le monde est servi. C'est elle, également, qui signifiera la fin du repas. Elle est donc en tout le guide de ses convives. Si on se trouve chez d'authentiques amis, on n'a pas à craindre d'avouer son ignorance : ils seront ravis de nous venir en aide, sans nous juger comme font les gens de peu.

★ **Asperges** : on les mange classiquement au couteau et à la fourchette, en principe entièrement parce que toutes les parties dures devraient avoir disparu à l'épluchage. C'est rarement le cas, et on laisse alors l'extrémité inférieure dans un coin de son assiette. Il est admis aussi de les manger à la main : conformons-nous à l'usage de nos hôtes. En aucun cas on ne peut ressortir de sa bouche un morceau filandreux qu'on y aurait introduit par mégarde : il faudrait l'avaler stoïquement.

On ne donne pas de vin avec les asperges et il faut donc, si on est un monsieur, servir de l'eau à sa voisine.

★ **Café** : que l'on prenne du café ou une infusion après le repas, on garde sa tasse et sa soucoupe à la main jusqu'à ce qu'on ait fini et on ne les repose qu'alors sur le plateau.

★ **Cailles** : on n'y touche pas avec les doigts – d'ailleurs, à part les asperges (et encore, ça dépend des gens !), les écrevisses à la nage, les crustacés, le pain et les petits fruits à noyaux, on ne met pas la main à la nourriture. On déguste donc ce qu'on peut au couteau et à la fourchette : détacher les filets et désosser les cuisses sont d'une difficulté raisonnable. Si on n'est pas très expérimenté on renoncera aux bricoles, genre ailes, etc.

★ **Conversation** : ne jamais parler de politique, en aucun cas – c'est le terrain miné par excellence. Soit on partage les mêmes opinions (ce qui est rare) et la conversation devient d'une platitude à pleurer, soit on est de convictions opposées et ça peut tourner à l'insulte, voire au pugilat – les seules brouilles tenaces qui nous ont divisées, ma parenté et moi, n'ont pas eu d'autre cause. Les contenances de table médiévales recommandaient déjà : « Ne dis rien qui puisse susciter des disputes, qui puisse scandaliser les autres. » Et Shakespeare de préciser : « La conversation doit être amusante et gaie sans grossièreté, spirituelle sans recherche ni affectation, libre sans indécence, savante sans pédanterie ni suffisance ; si on parle de choses récentes, actuelles, il n'y faut ajouter aucune invention. Telle conversation est trop rare ! » À l'époque élizabéthaine comme à la nôtre la modération est une vertu cardinale : elle est la clé de la bienséance, qu'il s'agisse des manières de table ou du rapport à autrui.

★ **Couverts** : le couteau ne s'utilise que de la main droite et ne sert qu'à couper, pas à piquer ni à pousser la nourriture dans la fourchette, ni surtout à la porter à la bouche. On le pose au bord de l'assiette ou sur le porte-couteau lorsqu'on ne s'en sert pas. En règle générale, on ne l'utilise pas lorsqu'une fourchette ou une cuillère suffisent (pommes de terre, œufs, etc.). On ne coupe jamais le pain (on le rompt), ni la salade qu'on est supposé servir en petites bouchées et qu'il faut manger, quoi qu'il en soit, à l'aide de la seule fourchette et d'un petit morceau de pain (comme on le fait pour les autres aliments récalcitrants). Lorsqu'on a fini de manger, on rassemble ses couverts en travers de l'assiette.

★ **Escargots** : il faut une pince (à la main gauche) et une pique (à la main droite) pour saisir la coquille et en extraire le malheureux animal. Si bon que soit le beurre parfumé où il baigne, on ne le finit pas, ni en le versant sur du pain, ni en le buvant, malheureux ! sauf entre amis véritables.

★ **Foie gras** : on le mange à la fourchette, on ne le tartine pas et, si on tient au pain, on en rompt des bouchées pour soutenir la dégustation. On peut déguster la gelée qui accompagne souvent le foie gras, toujours à la fourchette évidemment. Entre intimes, on fait comme on veut.

★ **Fromage** : le vacherin, le vieux stilton, la fourme d'Ambert se creusent à la cuillère. La plupart des autres fromages se coupent du centre vers le bord, de façon à répartir équitablement la croûte et la pâte (comme dans le camembert), ou la surface et le cœur (comme dans le roquefort). Là encore, pas de tartine (même entre intimes) ! On mange à la fourchette ou on pose avec son couteau (sans piquer, vous savez bien) une bouchée sur un petit morceau de pain. On a le droit de manger les croûtes si on les aime. Autrement on les laisse sur son assiette.

★ **Fruits** : couteau et fourchette, sauf dans le cas du raisin qui se mange tel quel (il vaut mieux s'en passer qu'en recracher la peau et les pépins), des cerises et des mirabelles (dont on crache discrètement le noyau dans ses doigts repliés avant de le poser sur son assiette), des fraises, des framboises, des mûres et des baies (cassis, groseilles, myrtilles) qu'on déguste à la cuillère. S'il s'agit d'une figue, c'est facile : on l'incise en croix et on détache de la peau les quarts de chair. Un abricot se coupe en deux moitiés, le noyau part tout seul. Si c'est une pêche ou une poire, il faut avoir le coup de main : on pique le fruit à la fourchette pour le maintenir sur l'assiette, on coupe en deux à partir du pédoncule jusqu'à l'extrémité opposée, puis chaque moitié en deux, et on pèle les quartiers en les maintenant là encore à l'aide de la fourchette ; on ôte le cœur dans le cas de la poire, dans celui de la pêche le noyau se détache facilement, et on découpe la chair en bouchées – toutes ces opérations doivent se faire au fur et à mesure de la dégustation. On s'habitue vite, et on se demande comment on pouvait faire autrement, en particulier dans le cas des fruits juteux comme ceux-là, qui constellaient de taches indélébiles nos vêtements, la nappe et les serviettes de nos hôtes. Si vous manquez vraiment d'entraînement, déclinez poliment. Mais il est rare qu'on serve des fruits sans les préparer, sauf ceux dont je vous ai décrit la technique.

★ **Huîtres** : on n'est pas censé boire l'eau de ces merveilleux mollusques, mais je ne connais personne qui pousse l'intégrisme jusqu'à s'en priver. On peut cependant veiller à ne pas aspirer avec bruit.

★ **Maintien** : assis, on se tient droit, le dos décollé du siège et le ventre de la table (« une souris derrière, un chat devant » comme disait ma maman). Nos mamans nous ont également seriné toute notre enfance qu'on ne met pas les coudes sur la table et elles avaient raison : les mains seulement, bien à plat de chaque côté du couvert, les coudes le long du corps. Autrement on s'isole purement et simplement de ses voisins. Les Anglo-Saxons vont jusqu'à garder les mains sous la table.

★ **Œufs** : en omelette, brouillés ou sur le plat, ils se dégustent à la fourchette, avec l'aide éventuelle d'un petit morceau de pain (voir *Couverts*) ; cocotte ou à la coque, à la petite cuillère. On ne décapite pas l'œuf à la coque avec son couteau, on l'ouvre avec sa petite cuillère, et on ne le brise pas une fois dégusté : c'était jadis le signal, destiné aux domestiques, qu'on avait terminé.

★ **Ordre du service** : deux méthodes (partant du principe qu'on n'a pas de personnel pour servir). La première n'est pas orthodoxe, mais convient si on est nombreux : le plat est présenté à l'invitée d'honneur, et tourne ensuite autour de la table pour revenir en dernier au maître de maison. La seconde vaut jusqu'à six convives : toutes les femmes se servent d'abord, l'invitée d'honneur en premier et la maîtresse de maison en dernier ; puis les hommes, de la même façon ; l'ordre de préséance obéit d'abord à l'âge : c'est ainsi que la maîtresse de maison se sert avant une jeune fille, même si celle-ci est l'invitée d'honneur. En aucun cas un homme ne peut se servir avant que toutes les femmes ne le soient. On voit parfois, malheureusement, des hommes prendre la maîtresse de maison pour leur domestique et se servir sans vergogne avant elle, ce qui indique à coup sûr qu'ils se sont mal comportés avec leur maman.

★ **Os** : on ne doit jamais ronger un os, en aucun cas. Si cette passion canine est irrésistible, préparer des côtes d'agneau, une côte de veau, des travers de porc et les ronger seul, enfermé chez soi après avoir allumé le répondeur (on ne peut pas répondre au téléphone les mains pleines de gras) et pourvu d'une abondante provision de papier absorbant. Même dans ces conditions, il arrive que le surmoi ait le dernier mot : je vous en parle en connaissance de cause puisque je me suis cassé une dent ce faisant.

★ **Potage** : on le consomme sans bruit, de la pointe de la cuillère. On ne souffle pas dessus s'il est très chaud (c'est mal vu depuis le Moyen Âge), on attend quelques secondes que chaque cuillerée refroidisse. Même si le potage est très bon, on évite de râcler son assiette ou de la pencher pour en recueillir les dernières gouttes.

★ **Rince-doigts** : on apporte ces petites coupelles (ou ces petits bols) remplis d'eau tiède et garnis d'une rondelle de citron lorsqu'on sert des écrevisses, des crustacés, des asperges, bref, ce qu'on mange avec les doigts et qui est un peu salissant. On les pose à gauche de l'assiette après avoir servi le plat, on les remporte en changeant le couvert. On s'en sert discrètement : il ne s'agit pas de se laver les mains à fond mais, comme le nom l'indique, de se rincer les doigts, qu'on sèche ensuite dans sa serviette.

★ **Sauce** : on ne sauce pas ! Ni en râclant son assiette de la fourchette, ni en y promenant un morceau de pain piqué au bout de la dite fourchette, ni a fortiori en le faisant avec les doigts. Ça demande parfois un stoïcisme inouï, mais c'est comme ça ! Certains restaurants offrent des cuillères à sauce, mais on ne les trouve guère à la maison, hélas. Entre intimes, cet interdit se négocie.

★ **Service** : autant que faire se peut, on présente un plat à la gauche de chaque convive et on dessert à sa droite. On lui sert à boire également de ce côté : c'est le monsieur assis à droite de chaque dame qui est chargé de ce service, pour l'eau comme pour le vin. Il tient la bouteille ou la carafe de la main droite, tandis qu'elle porte son verre à sa rencontre de la main gauche. Cette règle, élaborée par des décennies d'usage, est très efficace : on ne heurte ni ne renverse rien.
L'hôte peut servir lui-même ses invités lorsqu'il offre à la bonne franquette un de ces plats rustiques dont tout le monde raffole : chacun, dans ce cas, lui tendra son assiette. Il peut aussi garnir les assiettes à la cuisine, ce qui est la meilleure solution si on manque de place à table. En principe, chaque plat est présenté deux fois afin qu'on puisse se resservir, mais on ne repasse pas la salade et le fromage.

★ **Serviette** : on ne la déplie pas complètement pour la poser sur ses genoux, on s'essuie discrètement la bouche avant de boire et chaque fois que c'est nécessaire. À la fin du repas, on pose sa serviette sans la replier à gauche de l'assiette.

★ **Volailles** : voir *Cailles* et *Os*. On n'y touche pas avec les doigts. L'une des raisons est que c'est très salissant et qu'on laisse à ses hôtes des serviettes dégoûtantes et presque impossibles à laver correctement, sauf à s'essuyer les mains sur ses propres vêtements, ce qui est charitable mais tout aussi dégoûtant. D'aucuns vous diront qu'au Sénégal, par exemple, on mange avec les doigts. Certes. Autres pays, autres mœurs. Nous parlons d'ici.

Les petits riens

Le carnet

★ Ayez un carnet consacré à vos amis, où vous noterez tout ce qui les concerne. Il ne s'agit pas de vous transformer en agent du FBI ou en détective de la maison Duluc, mais de vous souvenir des conditions de leur bien-être (et donc du vôtre, puisque le bonheur d'autrui est votre constante préoccupation). Si vous jouissez d'une mémoire admirable, vous savez tout et le carnet est inutile ; mais si votre pauvre tête est une passoire, comme la mienne (rassurons-nous : c'est le cas le plus courant), le petit carnet deviendra un auxiliaire précieux, en particulier pour ceux que vous connaissez le moins intimement. Ne craignez pas, du reste, de questionner vos invités si vous les recevez pour la première fois, comme de dire, avec la plus grande simplicité, ce que vous pouvez avoir de spécial à ceux qui vous reçoivent sans vous connaître depuis les bancs de l'école maternelle. Beaucoup de gens se taisent par un excès de discrétion qui peut devenir une paradoxale grossièreté : cela vous rappelle certainement des moments pénibles, très courants hélas. Je me souviens par exemple avoir préparé un magnifique gigot pour un dîner de six personnes, ignorant que deux de mes convives étaient végétariens. M'auraient-ils prévenue que j'aurais cuisiné en fonction de leurs goûts. Ils auraient dû, bien sûr, avaler stoïquement et en silence la viande que je leur offrais. Ils ont préféré refuser, m'expliquant qu'ils ne m'avaient rien dit pour ne pas m'embarrasser !

★ Notez donc, pour chacun :

- Les goûts et les dégoûts alimentaires : ils ne se discutent pas. Ils sont. L'un de mes plus chers amis, par exemple, raffole du poisson *et* ne boit que du vin rouge. Tel développe une aversion prononcée pour les abats, quels qu'ils soient, tel autre donnerait dix ans de sa vie pour un plat de tripes, etc. Assurez-vous au moins des dégoûts, et notez les goûts au fur et à mesure que vous les découvrez, au détour d'une conversation ou au hasard d'un moment.

- Les goûts et les dégoûts en général : les fleurs et les chocolats sont bien lorsqu'on les destine à des hôtes presque inconnus. Encore est-ce très triste d'offrir des roses à une personne qui n'aime que les lys, ou l'inverse. Et des chocolats à qui montre une prédilection pour les rillettes. Là encore, il vaut mieux s'assurer des dégoûts (qui peuvent aller jusqu'à la phobie) et, si on le peut, se renseigner plus avant sur les goûts, auprès d'amis communs par exemple, et surtout observer et écouter ceux qui nous reçoivent et que nous recevons, pour savoir.

- Les régimes alimentaires : posez la question sans hésiter ! Nous avons vu plus haut un cas de végétariens. Il y a aussi les adeptes du végétalisme, qui éliminent tout produit d'origine animale et ont tendance, lorsque vous dégustez votre œuf coque sans songer à mal, à vous lancer un regard aussi lourd de reproches que si vous dévoriez votre prochain (j'avoue éviter ces personnes autant que possible, à moins qu'elles n'aient par ailleurs quelque génie, parce qu'il est des pratiques qui relèvent de la croyance irrationnelle ou de l'obsession, et en tout cas compliquent terriblement les actes les plus simples de la vie). Il y a de tout. Mais aussi d'authentiques problèmes médicaux, qu'il faut considérer sérieusement : on ne sert pas un cassoulet à qui lutte contre son poids, un dessert au caramel à qui souffre de diabète, ou une sauce au beurre blanc et des jattes de crème fraîche à qui atteint un taux de cholestérol vertigineux.

- Les allergies éventuelles : elles peuvent être graves, voire mortelles. Ceux qui en souffrent n'oublient généralement pas de prévenir. Encore faut-il s'en rappeler. Une de mes amies m'a préparé un jour un plat de girolles qui m'aurait envoyée droit à l'hôpital : elle avait oublié que je suis privée à vie de ce délicieux champignon. Nous avons dégusté la salade, le dessert, et je lui ai offert un petit carnet.

- La composition du menu, la date et la liste des convives pour tous les repas que vous offrez : vous éviterez ainsi de servir deux fois de suite, aux mêmes personnes, les mêmes *ravioli al magro* avec la même sauce à la crème et au parmesan. C'est très triste et ça ne devrait pas exister. Vous éviterez aussi, si vous avez noté une forte antipathie ou une indifférence prononcée entre deux de vos convives, de les inviter ensemble une seconde fois.

Le petit déjeuner

★ Voilà un repas très important lorsque vos amis séjournent chez vous. On observe en outre une tendance récente à lancer des invitations pour le petit déjeuner : il s'agit en général de réunions de travail, de gens très occupés (la mode en a été lancée par les P-DG et les ministres) et de comportements délibérément modernes – un peu trop délibérément et un peu trop modernes à mon goût. Je comprends, sous certaines conditions, que ce puisse être plaisant, soit que vous et vos amis n'ayez pas momentanément le loisir de vous voir plus confortablement, soit que vous soyez des lève-tôt enthousiastes, et qu'à l'heure où je traîne encore au lit en sirotant ma dixième tasse de thé vous soyez dans une forme éblouissante, gymnastique et toilette achevées depuis longtemps déjà.

Quoi qu'il en soit, voici quelques suggestions :
- n'oubliez pas que vous et votre logement devez être impeccables, même à huit heures du matin, moment où il est généralement admis de convier à ce repas et qu'on ne peut guère repousser au-delà de dix heures ;
- informez-vous des goûts de chacun en matière de boisson : thé (et quelle sorte de thé ?), café, chocolat, etc. ;
- dressez un couvert soigné – une nappe fraîche, de jolies serviettes, et par convive un couvert ainsi constitué :

- un verre pour le jus de fruits
- une tasse à déjeuner et sa soucoupe
- une ou deux assiettes à dessert (une pour le salé, une pour le sucré)
- une cuillère à café, une cuillère à dessert, un ou deux couteaux, une ou deux fourchettes (un jeu pour le salé, un pour le sucré). Si vous servez des œufs, donnez des couverts inoxydables : l'œuf prend un goût détestable au contact de l'argenterie ;

- faites vos emplettes la veille, à l'exception des viennoiseries et du pain qu'il faut acheter quelques minutes avant l'heure fixée et servir tièdes encore et tout croustillants ;
- si l'un de vos invités vous le propose, acceptez avec reconnaissance qu'il apporte les croissants, les brioches et le pain nécessaires, ce qui vous évitera de courir à l'aube chez votre boulanger. Autrement demandez surtout qu'on n'apporte rien (sans cette précaution, vous risqueriez de vous retrouver à la tête d'un monceau de provisions dont vous ne sauriez que faire et qui ne se conservent pas : c'est très embarrassant) ;
- outre les boissons chaudes, prévoyez des agrumes (pamplemousses, oranges) à presser une heure au plus tôt avant le début du repas (parce que leur jus s'oxyde très vite au contact de l'air) et à servir dans un joli pichet. On trouve dans le commerce des jus de fruits assez honnêtes, même s'ils ne valent pas ceux que l'on fait chez soi ;

ayez une marmelade d'oranges et plusieurs sortes de miels et de confitures (veillez à ce qu'elles soient fabriquées avec 50 % au moins de fruits), du beurre doux et du beurre salé, avec les couverts de service nécessaires (cuillères, couteaux à beurre) ; du lait chaud et du lait froid en pots et des citrons en rondelles ; de petits paniers avec diverses sortes de pain et de viennoiseries ; une corbeille de fruits de saison. C'est un minimum. Vous pouvez ajouter des céréales, des œufs (à la coque ou brouillés), des yaourts, des fromages frais ou faits, des charcuteries, surtout si vos hôtes viennent d'Europe du Nord ou des Etats-Unis...

★ Il me semble n'avoir rien oublié. Ah ! si ! de penser seulement à ce dont vous êtes capable à des heures aussi matinales, je vous trouve tout bonnement admirable.

Le goûter

★ Grimod de la Reynière écrivait en 1804 dans son *Almanach des gourmands* : « Ce repas est vraiment celui de l'enfance et de la maternité. Quoi de plus touchant en effet que de voir la tendre mère de famille et toute la petite bande joyeuse rassemblées autour d'une table chargée de fruits, de laitages, de pâtisseries fines, de confitures et de biscuits, car ce sont là les éléments du goûter. Les préparations carnassières, les légumes même et les vins capiteux en sont à jamais bannis, et si quelque liqueur fermentée y est soufferte, pour accompagner l'orgeat, la limonade et les sirops rafraîchissants, ce sera tout au plus un vin muscat dont la douceur et l'onctuosité plaisent singulièrement au jeune âge et au sexe aimable qui s'en rapproche par ses goûts. » Pour le prince des gourmets comme pour tous les hommes de son temps il n'est pas de véritable repas sans viande, aliment riche, noble, masculin. Aujourd'hui j'aurais tendance à me méfier de ceux qui font profession de mépriser les douceurs au nom d'une virilité proclamée, destinée bien souvent à dissimuler un peu d'inquiétude, voire une légère faiblesse de ce côté-là.

★ J'aime beaucoup les goûters, et je regrette qu'ils soient devenus incompatibles avec la vie professionnelle de la plupart d'entre nous. Il nous reste les week-ends et les vacances pour les remettre à l'honneur : profitons-en et invitons à tour de bras ! Ces charmantes fêtes seront d'autant plus appréciées que nous les ornerons de fleurs, de linge frais et de jolie vaisselle, et que nous en ferons des moments sans façons, tout dévoués au plaisir d'être ensemble et de converser.

★ À la mauvaise saison, le goûter tourne autour d'une boisson chaude : thé comme en Angleterre, café comme en Allemagne, chocolat comme dans les pays latins. Une boisson froide est plus agréable l'été : thé ou café glacés, citronnade, granités... On offre avec ces boissons toutes sortes de nourritures, des sandwiches au concombre ou au saumon fumé aux gâteaux de thé dont le *cake* est le paradigme, des *scones* sortant du four et flanqués de *clotted cream* et de confitures de fruits rouges aux *speculoos* flamands qui accompagnent si bien le café, de la torche aux marrons (dite aussi « Mont-Blanc ») qui exalte le chocolat à l'ancienne au délicieux quatre-quarts, qui va avec à peu près tout.

★ Parlons un peu du **thé**.
Réservez le thé en sachets aux cas exceptionnels : vous êtes affreusement pressé, vous avez besoin d'une tasse à l'instant même, vous disposez d'une bouilloire électrique mais pas de théière, etc. Il importe malgré tout d'user correctement de cet expédient. Choisissez pour acheter vos sachets un fabricant dont vous connaissez la qualité et respectez la date de péremption (le thé éventé ne développe qu'une vague saveur de poussière). Utilisez un sachet par grande tasse, versez dessus de l'eau bouillante et laissez infuser trois minutes : moins, votre breuvage n'aurait aucun goût, davantage il serait froid. Jetez le sachet et ajoutez, selon vos habitudes, sucre, lait ou rondelle de citron, au cas improbable où vous en auriez sous la main.
Hormis ces circonstances extrêmes, ayez deux théières (l'une pour quatre à six tasses, l'autre pour six à huit tasses) et vos thés favoris en feuilles, conservés à l'abri de la lumière dans des boîtes métalliques fermant hermétiquement. Quelle que soit la théière (métal, porcelaine, terre), n'en lavez jamais l'intérieur au savon, malheureux ! mais laissez-la se culotter au fil du temps et contentez-vous de la rincer à l'eau claire, une fois jetées les feuilles infusées. Les réservoirs, comme les « œufs » dont on remplit de feuilles la partie inférieure et que l'on ferme en vissant la partie supérieure où elles peuvent gonfler à leur aise, sont très pratiques parce qu'ils rendent les passoires inutiles et facilitent grandement le nettoyage de la théière.
Dans tous les cas, faites bouillir assez d'eau pour en verser une partie dans la théière afin de la chauffer, jetez cette eau, dosez prestement le thé (comptez une bonne cuillerée par personne et ajoutez-en une pour le pot) et arrosez-le immédiatement du reste de l'eau bouillante. Couvrez et laissez infuser entre trois et cinq minutes. Servez avec lait, citron, sucre, et gardez sous la main un pot d'eau bouillante au cas où quelqu'un trouverait trop âcre le goût de sa seconde tasse.
Quels thés choisir ? Ayez au moins trois classiques : un darjeeling, un earl grey et un fumé – vous serez sûr de couvrir le plus vaste éventail des goûts. Il y a des centaines de provenances, de mélanges et de parfums : prenez la précaution d'acheter chez un spécialiste qui saura vous conseiller.

Ayez aussi, par prévoyance (on n'a pas toujours le temps de confectionner ou même d'acheter des pâtisseries), une petite réserve de très bons biscuits secs, *shortbread* ou galettes au gingembre par exemple, de pain d'épices artisanal à offrir en tranches beurrées, ou encore servez des **toasts à la cannelle**, qui font le goûter le plus irrésistible et le plus simple qui soit : achetez chez votre boulanger un très bon pain brioché que vous couperez en tranches assez épaisses, toasterez (attention : la brioche brûle vite !), tartinerez généreusement de beurre, saupoudrerez tout aussi généreusement de cassonade et de cannelle en poudre et servirez brûlant.

L'été, si vous voulez offrir du **thé glacé**, faites-le à l'avance (je trouve commode, pour ma part, de le préparer en même temps que mon petit déjeuner). Choisissez un thé plutôt corsé, faites-en une grande théière et laissez infuser dix minutes. Passez dans un joli pichet que vous aurez garni de rondelles de citron et d'orange non traités et d'une branche de menthe, laissez refroidir. Lorsque le thé est froid, placez au réfrigérateur. Servez dans de grands verres, avec des glaçons et quelques feuilles de menthe fraîche. Vous pouvez imaginer toutes sortes de variantes : je me souviens par exemple avoir dégusté un délicieux thé glacé à la vanille où avaient macéré des tranches de pêche blanche et quelques amandes fraîches. La technique est la même, c'est l'imagination et le goût personnels qui font la différence, comme toujours.

★ Évoquons le **café**.

Je trouve très délicat de réussir un bon café. Cela dépend beaucoup de l'outillage, qui va des machines domestiques à *espresso* – coûteuses, assez encombrantes et qui ont besoin de café conditionné en capsules pour fonctionner – aux cafetières italiennes artisanales, des cafetières électriques aux cafetières à pression manuelle ou aux simples pots munis d'un filtre de papier, etc. Chacune peut donner d'excellents résultats, à condition de savoir exactement quelle mouture, quel type de torréfaction et quelle variété de café lui conviennent. Ce n'est pas peu. Demandez conseil au spécialiste qu'est le torréfacteur de votre quartier. Lorsque vous saurez, vous pourrez servir sans crainte un excellent café à vos amis, en l'accompagnant de crème fleurette – bien meilleure ici que le lait –, de sucre et de chocolats de très bonne qualité. Si vous offrez des pâtisseries, évitez celles qui contiennent des fruits frais, dont les saveurs délicates sont tuées par les arômes puissants du café, et choisissez plutôt des gâteaux riches, à base de chocolat, d'amandes, de noisettes ou de noix, de beurre comme le quatre-quarts (ou la galette de Guiscriff : vous en trouverez la recette dans *Je ne sais pas cuisiner,* au chapitre « Les gâteaux domestiques ou les sommets du gras-sucré ». Pardon de me citer moi-même).

En tout cas, vous savez certainement que le café est meilleur d'être acheté chez un excellent torréfacteur, soit moulu et en petites quantités, soit en grains et moulu à la maison, au fur et à mesure des besoins – encore faut-il savoir contrôler la mouture ! Je vous le disais, c'est très délicat. Mais pas impossible : mon époux par exemple, qui professe une ignorance presque militante pour la cuisine – je lui pardonne parce qu'il a un charme fou et qu'il est un dégustateur inlassable – réussit le café avec une désinvolture qui me laisse pantoise. Le mien, de café, alors que je suis en principe la personne compétente de la famille, n'est que passable. Ça doit tenir à une sorte de crispation.

★ Et le **chocolat** ?

Il est rarissime de rencontrer quelqu'un qui n'aime pas le chocolat. La plupart des gens s'en abstiennent, pourtant, sous prétexte qu'il ferait grossir, etc., et vous voyez ces malheureux rendus fous par la privation se jeter un jour sur n'importe quel chocolat instantané archi-sucré et dilué dans du lait stérilisé demi-écrémé, ou encore dévorer jusqu'à la dernière miette une tablette industrielle de la pire espèce. Ces excès, aussi révoltants pour leurs victimes que pour leurs proches horrifiés, n'existeraient tout simplement pas si on avait la sagesse de déguster régulièrement de très bons chocolats – de ces merveilles dont les saveurs divines se savourent le plus lentement possible –, et de faire parfois son goûter d'un **chocolat chaud préparé à l'ancienne**.

Par personne et pour deux tasses, faites fondre à feu doux 50 g de chocolat de couverture (acheté chez le confiseur ou le marchand spécialisé) dans un quart de litre de lait frais entier – d'aucuns, dont je suis, remplacent tout ou partie du lait par de la crème fleurette : c'est évidemment un peu riche, mais il faut faire l'expérience au moins une fois dans une vie, ça en vaut la peine. L'ébullition atteinte, réduisez le feu et laissez cuire dix minutes à tout petits bouillons, en battant de temps en temps au fouet à main. Servez ce chocolat épais sans attendre, en fouettant juste avant de le verser directement dans les tasses ou la chocolatière, si vous en possédez une (elle comporte, attaché à son couvercle, un appendice qui permet de battre le chocolat au moment du service). Les Autrichiens ajoutent de la crème fouettée non sucrée (voir p. 65), qu'ils déposent à la surface du chocolat bouillant. C'est très convaincant. Si on est raisonnable, on se contentera d'une meringue ou d'un Mont-Blanc pour pâtisserie. Sinon, on fera des rôties de pain ou de brioche copieusement tartinées de beurre, qu'on laissera tremper avant de les déguster, la mie imbibée de chocolat et le beurre devenu fondant à la chaleur – c'est une recette de Colette, l'aimable Colette à qui j'adresse une pensée chaque fois que je passe par le Palais-Royal, et qui écrivait avec la même voluptueuse gourmandise qu'elle dégustait son chocolat.

Le brunch et le goûter dinatoire

★ Le premier, contraction de *breakfast* et de *lunch*, est un petit déjeuner de fin de matinée qui sert à la fois de déjeuner ; le second, comme son nom l'indique, est un goûter abondant et tardif qui tient lieu de dîner. Tous deux sont des repas du dimanche : on s'est levé tard, on prend une copieuse collation qui laisse le reste de la journée au loisir ; ou bien on s'est promené depuis l'aube et on rentre affamé en fin d'après-midi, on encore on a de la route à faire et des embouteillages probables à affronter pour rentrer chez soi... Toutes les fantaisies sont permises pour ces repas de détente, organisés comme le petit déjeuner et le goûter autour du thé, du café ou du chocolat et au cours desquels on ne sert pas d'alcool (en principe) : à vous les poissons fumés, les œufs sous toutes leurs formes, les charcuteries et les fromages, les tartes salées et sucrées, les salades, les compotes – basez-vous sur ce que je vous raconte du petit déjeuner et du goûter et brodez ! Veillez cependant à l'équilibre alimentaire (ne vous cantonnez pas uniquement au gras-sucré) et évitez, parce qu'ils sont trop semblables, de les prévoir tous deux au cours d'une même journée.

L'apéritif et le digestif

★ L'apéritif est un sas entre les tracas du travail, l'inconfort extérieur, la fatigue de la journée, et la détente, le confort, le plaisir que procure une soirée réussie. Cette transition, moment où on retrouve ses proches, ses amis, où on lie connaissance, s'est instituée il n'y a guère plus d'un siècle et ritualisée autour de boissons alcoolisées, supposées stimuler l'appétit. L'apéritif sera, comme le reste, à votre ressemblance : avec du tact, vous pouvez tout. Si vos goûts sont classiques, que vous avez de la place et que vous êtes plutôt en fonds, vous proposerez un large assortiment : un porto millésimé, un amer, un vermouth, un anisé, une gentiane, une ou deux sortes de whiskies (un *blended* et un *pure malt*), une vodka russe ou polonaise au freezer à côté des glaçons. Si la place vous manque, vous pouvez opter pour le champagne sans grand risque d'erreur. Moins en fonds, vous offrirez du vin blanc, un kir, le vin rouge qui accompagnera le repas. Il se peut aussi que vous soyez l'inventeur ou le spécialiste mondial d'un ou deux cocktails, ou encore le patient artisan d'apéritifs oubliés, tels le ratafia, le vin de pêche, etc. Dans tous les cas, ayez au frais de l'eau plate et gazeuse, du jus de tomates et des jus de fruits pour ceux qui ne boivent pas d'alcool, ainsi que des citrons dont les rondelles donnent un air de fête à l'eau minérale la plus insipide.

Offrez en même temps de quoi grignoter, suffisamment pour éviter l'ivresse et ouvrir l'appétit, pas trop pour ne pas rassasier avant de pas-

ser à table. Evitez les biscuits, olives et fruits secs industriels qui n'ont goût que de farine, de sel et de gras, oubliez les charcuteries bourratives, préférez-leur un bol de tapenade (voir p. 128) avec de petits bouquets de crudités ou une pile de minces tartines grillées, du comté en cubes assorti de grains de raisin ou de cerneaux de noix, des éclats de parmesan ou de vieux hollande, des concombres nains ou des radis bien frais, des bouchées de céleri au roquefort (voir p. 67). Écoutez la saison, votre fantaisie, et cherchez un accord secret avec le menu qui va suivre.
Préparez tout ce qui est nécessaire sur un ou plusieurs plateaux avant l'arrivée de vos invités : verres adaptés aux boissons que vous offrez, grignotis, petites serviettes, etc. Vous n'aurez plus, au moment de servir, qu'à ajouter ce qui attend au frais et, à celui de desservir, qu'à emporter à la cuisine les plateaux et leur contenu, évitant ainsi de longues et fastidieuses manipulations.

★ Comme l'apéritif, le digestif se sert au salon et vous vous trouverez bien, là encore, de préparer sur un plateau, avant l'arrivée de vos invités, ce que vous offrirez à cette heure tardive : liqueurs, alcools blancs, whiskies, cognac, armagnac avec les verres idoines (du plus vaste assortiment à une seule bouteille soigneusement choisie, selon vos moyens), les tasses à café, à infusion, les chocolats et les douceurs.
À propos de douceurs, en voici une dont la suavité aurait fait fondre le coriace La Reynière lui-même : **l'authentique pâte d'amandes**, dans la proportion que donne *L'ordinaire du Pâtissier* au XVIIIe siècle.
Achetez 300 g d'amandes mondées (c'est-à-dire débarrassées de leur peau brune) en poudre chez le meilleur commerçant spécialisé de votre quartier (en cas de doute sur la parfaite fraîcheur des fruits, prenez des amandes entières mondées et réduisez-les vous-même en poudre au pilon ou au hachoir électrique), ajoutez-leur 150 g de sucre semoule et amalgamez le tout à l'aide du blanc d'un gros œuf, à peine battu à la fourchette. Travaillez à pleines mains (mains d'une propreté irréprochable, faut-il le préciser ?) jusqu'à ce que la pâte soit parfaitement lisse et fine. Vous êtes à la tête de près d'une livre de « pâte d'amandes pure ». Fragmentez-la en morceaux que vous roulerez en boudins, toujours à la main, sur un plan de travail aussi impeccable que vous-même (j'insiste sur l'hygiène : la recette originale n'en fait aucune mention, mais vous savez combien nos seuils de sensibilité ont changé). Coupez ces boudins en rondelles que vous façonnerez, toujours à la main, en bouchées. Vous pouvez ranger ces bouchées telles quelles dans de petites caissettes en papier gaufré, vous pouvez aussi, auparavant, les transformer en **fruits déguisés** : les fendre d'une amande entière ou d'un éclat d'angélique, leur accoler deux cerneaux de noix ou deux demi-cerises confites, en farcir des dattes ou des pruneaux dénoyautés, etc. Ce sont des merveilles, qui rendent tout le monde meilleur.

La cuisine de l'hospitalité

Marché, menus et recettes pour la belle et la mauvaise saison

On ne fait pas la même cuisine l'été et l'hiver : rien n'est plus savoureux que les produits de la saison, légumes et fruits bien sûr, mais aussi fromages, viandes ou poissons. On ne reçoit pas non plus de la même façon dans une salle à manger calfeutrée et un jardin au soleil. C'est pourquoi j'ai prévu quinze menus par saison, la belle (le printemps et l'été) et la mauvaise (l'automne et l'hiver). Chaque saison propose cinq menus organisés autour du genre aquatique, cinq autour du genre terrestre et cinq autour d'un de ces plats rustiques et roboratifs, dits « uniques », dont nous raffolons tous. J'ai ajouté quelques pages indispensables sur les pique-niques, les dînettes improvisées et ce qu'il faut toujours avoir chez soi. Ainsi aucune occasion ne vous trouvera démuni.

Chacun des menus que je vous propose est composé de trois services – une entrée, un plat principal, un dessert – ou de deux lorsqu'il s'agit d'un plat unique. Rien ne vous empêche d'y ajouter des fromages de saison accompagnés de salade bien lavée et essorée (à l'avance mais le plus tard possible, surtout pas la veille, malheureux !) et assaisonnée avec soin (au dernier moment) sans excès de vinaigre pour ne pas tuer les saveurs délicates, de petits pots de beurre doux et demi-sel, et du pain tout frais, confectionné à l'ancienne, qui aura accompagné le repas. N'oubliez pas que si les vins rouges conviennent généralement aux fromages de vache, les chèvres et les brebis préfèrent les vins blancs, voire les vendanges tardives ou les vins liquoreux. Demandez conseil à votre honnête fromager ou à votre compétent marchand de liquides, et surtout essayez ! Rien ne remplace l'expérience et la culture de nos goûts personnels. Je n'ai mentionné cette partie du repas ni dans les menus (du reste ça ne se fait pas !), ni dans les listes d'ingrédients qui leur sont attachés, sauf parfois comme une suggestion : je tiens à laisser du terrain à votre fantaisie ! Quant aux vins destinés à accompagner les plats, je me suis contentée, n'étant pas une spécialiste, de vous proposer ceux que je sers moi-même, et vous avez toute liberté d'en décider autrement !

J'ai composé ces menus de façon à vous éviter surmenage et énervement, afin que le moment du repas vous trouve frais et dispos : il vous suffira de suivre exactement l'ordre que je vous propose pour leur préparation – vous pouvez y aller de confiance, j'ai tout essayé montre en main. De même, j'ai fait en sorte qu'une fois vos invités arrivés vous passiez le moins de temps possible à la cuisine, afin que vous soyez tout au plaisir de leur visite et de la conversation. Enfin, si j'ai veillé à l'équilibre des saveurs, j'ai songé aussi à votre santé, afin que chacun sorte de table léger et plein d'énergie. Ceci dit, rien ne vous empêche de butiner une recette ici et là, au gré de votre inspiration, d'inventer d'autres agencements, d'ajouter des plats de votre façon... et de m'inviter peut-être à y goûter !

Considérations générales

★ Je me suis permis quelques abréviations : lisez cuillerée à café pour c.c. et cuillerée à soupe pour c.s. ; gramme pour g ; kilogramme pour kg ; centilitre pour cl ; décilitre pour dl.

★ Lorsque je vous parle d'œufs, il s'agit d'œufs moyens (60 g), sauf mention contraire. Cette précision est particulièrement importante en pâtisserie.

★ Vous trouverez souvent le terme « bouquet garni », suivi du détail de sa composition : persil, thym, laurier... Il est plus facile, puisqu'on jette ce bouquet défiguré par la cuisson au moment du service, de le lier d'un fil de cuisine avant l'emploi, ce qui permet de le récupérer d'un seul geste lorsqu'il aura fait son travail.

★ En règle générale, montrez-vous un peu maniaque en faisant votre marché : la qualité des ingrédients est essentielle à la réussite de la cuisine, et aucun talent ne sauvera de leur navrante médiocrité une volaille de batterie ou une salade produite industriellement. Rien ne remplace le savoir des bons artisans et des commerçants spécialisés. Trouvez les vôtres dans chaque catégorie alimentaire, demandez-leur conseil, ils vous sauront gré de votre confiance. Et ne croyez pas qu'ils soient plus chers que la grande distribution – c'est parfois l'inverse ! Si vous faites vos achats dans un magasin généraliste, lisez attentivement les étiquettes (dates de confection et de péremption, composition, provenance), rejetez tout ce qui vous semble douteux et ne vous laissez pas impressionner par le maquillage « à l'ancienne » ou champêtre qui dissimule souvent les produits les plus frelatés.

★ Dans le cas des cuissons au four, j'indique la température et non la gradation du thermostat : l'expérience m'a appris en effet que cette dernière estime le degré de chaleur avec des variations considérables selon les appareils (les fours à gaz, par exemple, offrent rarement des températures inférieures à 150 °C, alors que les fours électriques peuvent développer une gamme très fine à partir de 50 °C. Or la gradation du thermostat, elle, est toujours la même !). J'utilise aujourd'hui encore une cuisinière à gaz de l'ex-RDA dont nous avions fait l'emplette à la faveur de l'un de nos déménagements, mon époux et moi, parce que c'était la moins chère sur le marché et que nous souhaitions soutenir l'économie déjà défaillante de cette malheureuse région. Je m'y suis faite, bien que son thermostat, gradué de 1 à 8, n'ait jamais indiqué qu'une température flottant vaguement entre150 °C et 250 °C sans que j'aie pu repérer quelque invariable que ce soit. Songeons au génie cuisinier qui s'est épanoui au XVIIe siècle, malgré un matériel que nous trouverions horriblement approximatif aujourd'hui, et nous garderons notre sérénité. C'est l'expérience, là encore, qui a la plus forte valeur d'enseignement : il ne faut pas craindre de tâtonner et de rater quelquefois, on finit par trouver un parfait *gentleman's agreement* avec ses outils, aussi rustiques soient-ils.

★ Outre les produits courants (du sel à la farine, en passant par le sucre et les épices...) qu'il est commode d'avoir sous la main et que j'indique dans la liste d'ingrédients de chaque recette, vous vous trouverez bien de disposer d'une batterie de cuisine, simple et de bonne qualité, sans laquelle la moindre préparation devient un tour de force :

★ quelques spatules et cuillères de bois pour touiller

★ une planche de bois pour découper

★ une écumoire et une louche

★ un verre mesureur pour peser les ingrédients courants

★ quelques petits couteaux « d'office » pointus et bien effilés, quelques couteaux « économes » pour éplucher, et un grand couteau à découper

★ un aiguise-couteaux à roulettes ou une pierre à aiguiser

★ un presse-ail en fonte

★ un petit fouet

★ un zesteur (pour faire les zestes naturellement)

★ une paire de forts ciseaux

★ une très bonne cocotte en fonte, à couvercle supportant le four

★ une très bonne casserole basse et large avec couvercle (ou sauteuse)

★ deux poêles antiadhésives, une petite et une grande

★ quelques casseroles d'aluminium lourd de différentes tailles

★ un faitout (ah ! le beau mot !) pour les grands bouillis

★ deux bols, un grand et un petit

★ un plat à rôtir

★ un moule à soufflé moyen

★ un grand moule à tarte, et un moyen, antiadhésifs, à fond amovible

★ un moule à cake moyen (23 à 25 cm x 15 cm) antiadhésif

★ un moule à manqué moyen (22 cm), et un autre plus grand, antiadhésifs

★ un moulin à légumes en aluminium

★ un batteur électrique

★ un hachoir électrique

★ un mixeur (le plus simple) avec son bol

★ une râpe mécanique ou, mieux, électrique, munies de diverses grilles

★ une passoire à grillage fin, dite « chinois » et une grosse passoire à pieds

★ une essoreuse à salade

★ deux gants à l'épreuve de la chaleur

★ un pinceau plat

J'éprouve quelques difficultés avec la cocotte-minute et les robots : dans celle-ci on ne voit rien et ceux-là ôtent le plaisir de la main. Je reste donc dans la tradition et l'artisanat.

★ Enfin, beaucoup d'entre vous possèdent un four à micro-ondes, dont mon époux est un utilisateur enthousiaste lorsqu'il mange seul à la maison. Je vous avoue ignorer presque tout de cette technique : j'ai donc choisi de ne pas vous en parler et de m'en tenir aux méthodes traditionnelles que je connais bien. Je suis pourtant convaincue que c'est un très bon outil, notamment pour le réchauffage, et je vous promets que je m'y mettrai lorsque j'aurai un moment. En attendant, vous rectifierez vous-même !

★ ★ ★

Mode d'emploi

★ Des cent recettes que vous allez trouver, la plupart (celles qui font partie d'un menu) sont assorties d'un numéro, aussi bien dans la liste d'ingrédients du marché que dans la description de leur confection :

1 pour les entrées

2 pour les plats de résistance

3 pour les desserts

Vous pouvez, à votre gré, réaliser tout un menu (suivez dans ce cas ma description dans l'ordre) ; ou prélever une recette (vous trouverez facilement les étapes successives de sa confection grâce au numéro qui lui est affecté) ; vous pouvez aussi, bien sûr, combiner plusieurs recettes prélevées dans des menus différents – bien que j'aie pris soin d'indiquer les temps nécessités par chaque confection, cet usage un peu plus délicat suppose un minimum de pratique. Si vous êtes inexpérimenté, choisissez plutôt le menu ou la recette isolée pour commencer, vous montrerez bientôt assez de désinvolture pour pouvoir tout oser !

★ Les temps de préparation que je vous indique sont calculés largement, de manière à vous mettre à l'abri de toute détresse même si vous êtes inexpérimenté. Ils correspondent au travail effectif. Sauf mention contraire (dans le cas où votre présence constante est requise), les temps de cuisson sont donnés séparément : vous pouvez ainsi vaquer à tout autre chose, l'âme en paix, pendant que votre plat sue au four, par exemple. Vous constaterez que la confection des plats est en général plus longue l'hiver que l'été : c'est normal, parce qu'on préfère le cru à la belle saison, et le cuit à la mauvaise.

★★★

Quinze menus pour recevoir à la belle saison

Le printemps est là, dont les tiédeurs et les parfums requinquent le moral grognon et l'organisme déprimé par un trop long hiver. Aux étals s'épanouissent les légumes nouveaux, les premières fraises, les tendres verdures qui adoucissent l'individu le plus endurci. Et puis viennent l'été et les longues soirées nonchalantes où on se demande pourquoi, mais pourquoi on touchait en février dernier le fond du désespoir, où on se dit que la vie est merveilleuse, comme Frank Capra au cinéma ou Stephen Jay Gould devant les fossiles du pré-cambrien, et où on cuisine à la paresseuse les splendeurs odorantes et délectables qu'on trouve partout à profusion et qui nous rendent, nous et nos amis, pleins de bienveillance et de contentement.
Si on manque d'entraînement, c'est à la belle saison qu'il faut se lancer dans la cuisine de l'hospitalité, parce que le moral et les produits de la nature sont à leur meilleur, parce que les jours plus longs nous donnent l'impression d'avoir le temps, parce que c'est l'époque des vacances, des fêtes et des amis. Alors allons-y, sans nous énerver et sans nous presser.

Le genre aquatique

Pinzimonio
Sardines farcies
Entremets de brousse

★

C'est un menu idéal un jour de chaleur, à servir sur une terrasse ou dans un jardin (si vous en disposez), ou encore chez soi toutes fenêtres ouvertes, pour un dîner qui s'étire jusqu'à la nuit. N'oubliez pas de vous équiper d'un antimoustiques éprouvé.

Votre marché pour 4 personnes :

1 Pinzimonio (préparation : 45 minutes ; pas de cuisson) : ▸ 2 poivrons rouges charnus ▸ 1 céleri en branches aux feuilles vert tendre, aux tiges courtes, fermes et luisantes ▸ 1 botte de radis tout fermes, au feuillage bien vert ▸ 8 jeunes carottes avec leurs fanes ▸ 1 concombre pas trop grand, ferme jusque dans ses extrémités ▸ 8 tout petits artichauts violets ▸ 1 botte de cébettes ▸ 3 citrons fermes et bien lourds ▸ huile d'olive, la plus goûteuse qui soit ▸ vinaigre balsamique ▸ sel fin, poivre du moulin

2 Sardines farcies (préparation : 30 minutes ; cuisson : 10 minutes au dernier moment) : ▸ 40 sardines moyennes essuyées (pour les écailler), étêtées et désarêtées (sans séparer les filets) par votre poissonnier ▸ 2 citrons ▸ 2 oignons doux moyens ▸ 3 gousses d'ail jeune ▸ 1 bouquet de persil plat ▸ 5 ou 6 branches de menthe ▸ 2 branches de thym frais ▸ 50 g de pignons ▸ la mie d'une grosse tartine de pain blanc rassis ▸ 1 verre de vin blanc sec ▸ huile d'olive ▸ sel fin, poivre du moulin

3 Entremets de brousse (préparation : 45 minutes ; prise : 4 heures) : ▸ 250 g de brousse de brebis, de ricotta fraîche ou de broccio corse ▸ 20 cl de crème fleurette ▸ 500 g de groseilles ▸ 100 g de pignons ▸ 100 g d'amandes effilées ▸ 2 écorces confites : 1 d'orange, 1 de citron ▸ quelques branches de menthe (pour la couleur) ▸ 200 g de miel de lavande ou toutes fleurs ▸ 100 g de sucre semoule ▸ 3 feuilles de gélatine ▸ 1 c.s. d'huile de noisette

Préparation totale du repas : 2 heures

Offrez du vin blanc bien frais, un cassis par exemple, pour accompagner ce repas. Choisissez alors des chèvres moelleux et une salade de mesclun, qui iront très bien avec tout ce méridional.

★ ★ ★

Commencez par le dessert, puisqu'il doit reposer plusieurs heures au frais.

3 Entremets de brousse

★ Enduisez d'huile de noisette, avec un pinceau, un moule à cake ou à charlotte antiadhésif ou, à défaut, un saladier de taille moyenne. Mettez à tremper la gélatine dans un bol d'eau froide. Versez la crème fleurette dans le récipient où vous la fouetterez, posez-y les pales de votre batteur électrique (ou à défaut un fouet à main, mais je vous le déconseille, c'est très fatigant) et placez le tout au réfrigérateur.

★ Versez dans une poêle sèche les amandes et les pignons, posez sur feu vif, remuez constamment à la cuillère de bois jusqu'à un beau doré. Attention ! Ça passe au carbonisé en un clin d'œil ! Transvasez immédiatement les fruits dans une assiette, parce qu'ils continueraient de cuire à la chaleur de la poêle et seraient bons à jeter.

★ Coupez les écorces de citron et d'orange en lamelles courtes et fines.

★ Mettez le miel à fondre à feu doux dans une casserole. Quand il est bouillant, sortez la casserole du feu, égouttez la gélatine, pressez-la entre vos doigts pour en ôter toute l'eau et jetez-la dans le miel. Mélangez à fond à la cuillère de bois.

★ Écrasez la brousse à la fourchette dans un saladier, incorporez soigneusement le miel gélatiné et tous les fruits.

★ Sortez le nécessaire du réfrigérateur et battez la crème jusqu'à ce qu'elle soit assez ferme pour conserver le tracé net que les pales lui impriment : voilà, vous avez réussi une crème fouettée avec une aisance éblouissante. Incorporez-la délicatement, en soulevant la masse de bas en haut à la cuillère de bois, à la brousse qui n'attendait plus qu'elle.

★ Versez dans le moule, tapez-le sur la table de la cuisine afin de tasser le mélange et mettez au réfrigérateur 4 heures au moins. Vous démoulerez avant l'arrivée de vos invités en trempant le moule quelques secondes dans l'eau bouillante et en renversant l'entremets d'un coup sec sur un joli plat de service, qui attendra au frais le moment du dessert.

★ Confectionnez le coulis de groseilles qui accompagnera cette suavité : lavez et égouttez, égrappez en passant les dents d'une fourchette le long des tiges, faites tomber les fruits dans un moulin à légumes équipé de sa grille la plus fine posé sur un saladier où attend le sucre. Moulinez : la grille retient les peaux et les graines. Remuez soigneusement le jus et le sucre à la fourchette. Versez ce coulis incarnat dans une saucière et mettez au frais.

Vous avez le choix de poursuivre ou de vaquer à vos autres occupations favorites : nager, lire *La civilisation des mœurs* de Norbert Elias (dont les considérations sur la culture et la politesse sont une merveille de sagacité), faire le ménage à fond, jardiner, vous entretenir de façon plus ou moins tendre avec la personne qui partage votre existence, téléphoner à votre nièce qui est ouvreuse de music-hall à Londres pour tout l'été, etc.

Quoi qu'il en soit, vous devrez tenir compte dans votre emploi du temps de la demi-heure nécessitée par la préparation du poisson, deuxième étape de ce menu.

2 Sardines farcies

★ Mettez la mie de pain coupée en morceaux à tremper dans le vin blanc.

★ Pelez l'oignon et hachez-le finement, pelez l'ail. Mettez un peu d'huile d'olive à chauffer dans une poêle, faites-y fondre à feu doux l'oignon avec l'ail passé au presse-ail. Lorsque cela devient translucide, effeuillez le thym, mélangez à la cuillère de bois et éteignez le feu.

★ Lavez et épongez le persil et la menthe. Détachez-en les feuilles et hachez-les menu, soit au hachoir électrique, soit en les mettant dans un grand verre et en les coupant aux ciseaux, avec patience, jusqu'à la finesse nécessaire.

★ Essorez la mie de pain entre vos mains et émiettez-la dans la poêle. Ajoutez les herbes, les pignons, du sel et du poivre. Mélangez le tout soigneusement à la main.

★ Badigeonnez la plaque du four d'huile d'olive au pinceau. Ouvrez les sardines. Répartissez la farce sur 20 d'entre elles, recouvrez-les des 20 autres. Badigeonnez derechef. Recouvrez la plaque d'un film plastique ou d'une feuille d'aluminium : vos sardines attendront au frais le moment de la cuisson sans répandre d'odeurs ni se racornir.

Il vous restera, avant de passer à table, à préchauffer le four (220 °C) et, une fois l'entrée largement entamée, à enfourner la plaque pour 10 minutes après avoir ôté le film ou la feuille d'aluminium qui la protégeait. Vous rangerez les sardines cuites sur un joli plat, parsèmerez de quartiers de citrons et servirez brûlant.

Une heure avant le coup de sonnette, dressez la table et attaquez l'entrée. Ça ne présente aucune difficulté, mais il va falloir travailler sérieusement de l'économe et du couteau d'office.

1 Pinzimonio

★ Lavez les poivrons, ouvrez en deux dans la longueur, ôtez pédoncules, graines et peaux blanches, coupez en lanières assez épaisses, toujours dans la longueur.

★ Dégagez le cœur du céleri, lavez, coupez en longs bâtonnets en conservant les feuilles tendres. Vous pouvez éplucher les tiges plus dures, les garnir de roquefort écrasé à la fourchette et mélangé avec des raisins de Smyrne, puis les couper en tronçons pour en faire des bouchées que vous servirez à l'apéritif : c'est excellent avec du vin blanc. Mais revenons à nos moutons.

★ Épluchez les carottes, lavez, laissez un petit bout de fane.

★ Parez les radis (c'est-à-dire ôtez les racines et la plus grande partie des fanes), lavez. On n'est jamais trop propre.

★ Pelez le concombre, coupez-le en deux, ouvrez-le dans sa longueur, grattez les graines du cœur à la petite cuillère, taillez la chair en longs bâtonnets.

★ Otez la première peau des cébettes, la racine et la plus grande partie du vert.

★ Lavez les petits artichauts, coupez-les en quatre et citronnez immédiatement pour que la chair ne noircisse pas.

★ Rangez le tout artistement dans un grand plat ou un panier évasé garni d'un torchon. Recouvrez d'un autre torchon mouillé et essoré, afin que cela attende sans s'attrister.

Vous aurez disposé sur la table, outre le sel et le poivre du couvert, de l'huile d'olive, du vinaigre balsamique, des citrons coupés en quatre et un petit bol par personne. Chacun fera sa sauce comme il l'aime et y trempera ses crudités. Vous accompagnerez d'une fougasse bien craquante, rompue au moment du service.

Voilà : votre dîner est prêt. Vous avouerez que le temps nécessité par sa préparation n'est pas grand-chose dans tout un long jour.

★

Salade de calmars à la tomate
Dorade au citron au four
Baba aux fruits rouges

★

Ce menu conviendra à des personnes un peu sophistiquées, qui seront ravies du mélange de simplicité et de savoir qu'il représente.

Votre marché pour 4 personnes :

1 Salade de calmars à la tomate (préparation : 45 minutes ; cuisson : 30 minutes ; macération : 1 heure) : ▸ 1 kg de tout petits calmars, vraiment petits ▸ 4 belles tomates mûres et fermes ▸ 6 oignons nouveaux ▸ 2 gousses d'ail nouveau ▸ 1 bouquet de coriandre ▸ 1 bouquet garni : quelques branches de persil plat, 1 feuille de laurier, 1 branche de thym frais ▸ 2 dl de vin blanc sec ▸ huile d'olive très fruitée ▸ sel fin, poivre du moulin

2 Dorade au citron au four (préparation : 15 minutes ; cuisson : 30 minutes au dernier moment) : ▸ 1 grosse dorade ou 2 moyennes ▸ 6 citrons non traités ▸ 4 branches de thym frais ▸ huile d'olive très fruitée ▸ sel fin, poivre du moulin

3 Baba aux fruits rouges (4 heures à l'avance. Préparation en deux temps : 15 minutes + 30 minutes de repos ; 15 minutes + 1 heure de repos ; cuisson : 40 minutes ; finitions en deux temps : 10 minutes pour le sirop ; puis 20 minutes pour la garniture – en réalité, tout cela ne représente qu'une heure de travail effectif !) : ▸ 1 kg de fruits rouges (fraises, fraises des bois, framboises, groseilles) ▸ 200 g de crème fleurette ▸ 1 petit verre à moutarde de lait (50 g) à température ambiante ▸ 3 œufs à température ambiante ▸ 75 g de beurre + 1 noix ▸ 200 g de farine ▸ 15 g de levure de boulanger ▸ 300 g de sucre en poudre + 1 c.c. ▸ rhum ambré de Cuba ou de la Martinique, de la meilleure qualité ▸ sel fin

Préparation totale du repas : 2 heures

Du vin blanc, bien sûr, avec les calmars et la dorade, dans le genre graves ou encore châteauneuf-du-pape. Pour le baba, de l'eau plate glacée... ou le rhum planteur qui aura servi à la confection.

Commencez par l'entrée dès le retour du marché. Gratifiez-vous d'un remontant (goûtez par exemple le vin du dîner) : ce qui suit est un peu pénible, je préfère ne pas vous le cacher.

1 Salade de calmars à la tomate

★ Séparez des poches les têtes munies de tentacules. Occupez-vous d'abord des têtes, afin de ne plus voir les yeux des pauvres bêtes qui embuent les vôtres de larmes. Coupez les têtes sous les yeux, ôtez le petit bec corné qui se trouve au-dessous, jetez tout cela et lavez ce qui reste : des couronnes de tentacules. Sous l'eau courante, videz avec un doigt l'intérieur des poches sans les déchirer (sable, os ou plutôt lamelle dure et transparente, matières glaireuses et laiteuses), et frottez doucement la fine peau rose et gris qui les recouvre et s'en va facilement. Égouttez le tout. Le plus dur est fait.

★ Mettez de l'eau à bouillir dans une casserole. Plongez-y les tomates 10 secondes, passez-les sous l'eau froide, vous les éplucherez sans aucune difficulté. Otez le pédoncule, coupez en deux horizontalement et, à l'aide du pouce, ôtez les graines qui remplissent les alvéoles. Coupez en morceaux la chair ainsi nettoyée et laissez-les attendre dans une passoire.

★ Pelez l'ail et les oignons dont vous jetterez presque tout le vert. Hachez fin et jetez dans une cocotte où vous aurez mis à chauffer 2 c.s. d'huile d'olive. Laissez fondre jusqu'à la transparence, à feu doux, en remuant de-ci de-là.

★ Lorsque les oignons sont à point, ajoutez les calmars dans la cocotte, poussez le feu et faites-les raidir en remuant sans cesse à la cuillère de bois. Ajoutez alors la chair des tomates, du sel, du poivre, et enfin le vin blanc et le bouquet garni. Dès que l'ébullition reprend, baissez le feu au plus doux et laissez cuire 30 minutes : cela doit seulement frémir.

Mettez ce temps à profit pour vous récompenser d'un autre verre et entamer la lecture des *Travailleurs de la mer*, le plus beau roman de Victor Hugo, où évolue une pieuvre géante cousine des malheureux céphalopodes qui nous occupent présentement.

★ La cuisson achevée, votre dégustation de vin et Victor Hugo vous ayant plongé dans un état de légère euphorie, ôtez le bouquet garni tout penaud à ce stade, versez le contenu de la cocotte dans une jolie coupe et laissez refroidir, avant un séjour d'au moins une heure au réfrigérateur sous la protection d'un film plastique ou d'une feuille d'aluminium.

Il vous restera à parsemer de feuilles de coriandre, juste avant de servir, cette entrée délicieuse et parfumée qui aura, de plus, ouvert vos horizons littéraires.

Je vous sens terrifié par la perspective de préparer un baba. Vous verrez, ce n'est rien, à condition de vous y prendre 4 bonnes heures avant l'arrivée de vos invités.

3 Baba aux fruits rouges

★ Dans une terrine, émiettez la levure du bout des doigts et délayez-la avec un peu de lait. Lorsque cela forme une pâte lisse, ajoutez lentement le reste du lait, en mélangeant toujours avec les doigts. Ajoutez 50 g de farine, amalgamez petit à petit jusqu'à ce que vous obteniez une pâte lisse et mollette. Ajoutez ce qui est resté collé (c'est normal) aux flancs de la terrine et à vos doigts. Couvrez la terrine d'un torchon et laissez-la doubler de volume dans un endroit tiède (sur un radiateur par exemple) et sans courant d'air. Cela prend environ une demi-heure. Vous avez fait un levain.

★ Faites fondre les 75 g de beurre à feu très doux.

★ Passez la farine restante à travers un chinois dans un grand saladier avec une pincée de sel et la c.c. de sucre. Ajoutez les œufs un par un en travaillant au batteur électrique muni des fouets à pâte ou à la cuillère de bois. Ajoutez enfin le levain d'un seul coup, puis le beurre fondu (laissez au fond de la casserole le dépôt blanchâtre), en tournant la pâte à la cuillère de bois, sans battre surtout, jusqu'à ce qu'elle devienne lisse et homogène, à peu près de la consistance d'une crème pâtissière.

★ Avec la noix de beurre, enduisez un moule en couronne (ou n'importe quel moule un peu haut, à la condition que la pâte ne le remplisse qu'à demi) et versez-y la pâte. Torchon et moule au tiède sans courant d'air derechef. Laissez lever la pâte jusqu'à ce qu'elle atteigne presque le bord, ce qui prend à peu près une heure encore.

Pendant que la pâte travaille dans l'ombre, pensez à mettre au froid le nécessaire à crème fouettée (voir p. 65).

★ Préchauffez le four (180 °C) 10 minutes en plaçant la grille au milieu. Glissez-y prestement le moule débarrassé du torchon pour 30 à 40 minutes. Lorsque le gâteau est régulièrement blond, retirez-le, démoulez-le sans attendre et laissez-le refroidir sur une grille.

★ Vous mettrez ce temps à profit pour préparer le sirop : versez le sucre et un quart de litre d'eau dans une casserole de porcelaine, de tôle ou de fonte émaillée (l'aluminium n'est pas indiqué ici, car le rhum y prend un goût affreux). Faites bouillir jusqu'à ce que le sucre soit fondu. Hors du feu ajoutez un quart de litre de rhum et remettez à chauffer, sans laisser bouillir surtout.

★ Posez le baba refroidi dans un plat creux, arrosez-le de sirop bouillant. Récupérez ce qui coule au fond du plat et arrosez derechef jusqu'à ce que le gâteau ait tout absorbé.

Faites vos préparatifs (la maison, la table, vous-même) quand et comme vous l'entendez. Tenez compte cependant du fait qu'il vous faudra être libéré de tout souci une heure avant l'arrivée de vos invités, afin d'achever la préparation du dîner et d'abord celle du dessert, qui aura eu le temps de refroidir.

★ Posez avec précaution le baba imbibé sur un plat de service légèrement creux.

★ Lavez, égouttez, équeutez ou égrappez les fraises et les groseilles, mélangez-les délicatement aux framboises et aux fraises des bois, qui ne se lavent pas (mais n'oubliez pas de les équeuter !), et remplissez de fruits la cavité du baba ou disposez-les avec grâce tout autour, selon la forme de votre gâteau.

★ Préparez la crème fouettée (voir p. 65), versez-la dans une jatte en l'ornant de quelques fruits et faites-la attendre au frais.

Une petite demi-heure avant le coup de sonnette, préoccupez-vous du poisson.

2 Dorade au citron au four

★ Sous l'eau courante, ôtez les dernières écailles qui auraient échappé à la vigilance de l'honnête commerçant et lavez l'intérieur des poissons vidés. Épongez soigneusement intérieur et extérieur au papier absorbant. Salez et poivrez avec largesse, introduisez une branche de thym à l'intérieur.

★ Lavez 4 citrons, coupez-les en rondelles très fines en jetant les extrémités.

★ Enduisez d'huile d'olive au pinceau un plat à four assez grand pour contenir les poissons. Rangez côte à côte des rondelles de citron sur toute la surface. Posez les poissons sur ce lit. Recouvrez-les de rondelles serrées : ainsi leur peau sera tout à la fois parfumée et protégée. Arrosez d'une bonne rasade d'huile d'olive.

Vous préchaufferez le four (220 °C) 10 minutes avant de passer à table, enfournerez le plat lorsque vos invités attaqueront l'entrée, et le laisserez 30 minutes. Vérifiez la cuisson en plongeant un couteau jusqu'à l'arête dans la partie la plus épaisse : cela se fera sans difficulté et la pointe du couteau ressortira chaude.

Vous dépouillerez à table, en servant chacun de filet, de rondelles confites de citron, de jus délicieux, de quartiers de citron cru. C'est délectable ainsi, nature, sans accompagnement de légumes.

Certes, la confection de ce festin vous aura immobilisé un long moment à la maison, mais vous en serez largement dédommagé par Victor Hugo et le ravissement de vos hôtes à la seule vue du baba au rhum, un dessert aujourd'hui presque introuvable.

Anchois marinés
Morue à la tomate
Granité de café

★

Tout le monde n'aime pas la morue salée. Réservez donc ce menu à des personnes dont vous connaissez la passion pour les saveurs fortes.

Votre marché pour 4 personnes :

1 **Anchois marinés** (préparation : 1 heure ; macération : 1 heure au moins) : ▸ 24 anchois très frais, l'œil vif et sans traces de sang ▸ 1 beau citron non traité ▸ 2 gousses d'ail jeune ▸ 2 feuilles de laurier, 2 branches de romarin ▸ huile d'olive ▸ gros sel gris de Guérande, poivre en grains

2 **Morue à la tomate** (trempage : 24 heures – à commencer donc la veille de votre dîner ; préparation : 45 minutes ; cuisson : 30 minutes) : ▸ 1 morue verte (c'est-à-dire séchée dans le sel), épaisse, d'un bel ivoire clair, que le marchand portugais (les spécialistes mondiaux en la matière) ou le poissonnier couperont en gros morceaux. Spécifiez que vous devez obtenir 800 g de chair nette après cuisson. Refusez les filets salés, ils sont sans goût ni consistance ▸ 1 kg 500 de tomates mûres et fermes ▸ 3 gousses d'ail jeune ▸ 2 beaux oignons ▸ 5 branches de persil plat ▸ 1 feuille de laurier, 1 branche de thym, 1 d'origan (tous ces aromates sont meilleurs frais. C'est acceptable sec, mais attention : sec ne veut pas dire vieux !) ▸ huile d'olive ▸ sel fin, poivre du moulin

3 **Granité de café** (préparation : 15 minutes en deux temps ; prise : 1 heure) : ▸ 75 cl de café fort et très aromatique ; s'entendre éventuellement avec le patron du bistrot du coin pour qu'il remplisse votre thermos d'autant d'expresso, ou encore se rabattre sur le Nescafé, qui donne ici des résultats honorables ▸ 6 bonnes c.s. de sirop de sucre de canne, ou à défaut 150 g de sucre semoule

Préparation totale du repas : 2 heures

Vous achèterez le jour même un beau pain de campagne, les fromages et la salade de votre choix. Vous offrirez un vin rosé, un tavel par exemple. Ayez cependant du vin blanc en réserve : certaines personnes développent une aversion irrationnelle pour le rosé.

Le poisson se prépare en deux temps, vous le savez déjà : la veille de votre dîner et le jour même.

2 Morue à la tomate

★ La veille, donc, dans la matinée, faites tremper la morue dans une grande bassine d'eau froide que vous renouvellerez plusieurs fois, où elle se dessalera et se réhydratera pendant 24 heures (ne vous levez pas la nuit pour cela, tout de même).

★ 24 heures après, mettez la morue égouttée dans une grande casserole, recouvrez d'eau froide, portez doucement à ébullition. Otez du feu au premier bouillon et laissez le tout refroidir tranquillement.

★ Pendant ce temps, préparez la sauce qui accompagnera le *bacalhão.* Pelez, épépinez et concassez les tomates en gros morceaux (voir p. 69). Pelez les oignons et l'ail, émincez assez fin. Faites chauffer dans une casserole une bonne lampée d'huile d'olive, mettez-y les oignons et l'ail à fondre à petit feu, en remuant de temps en temps. Lorsqu'ils sont transparents, ajoutez les aromates : laurier, thym, origan et trois branches de persil ; puis la chair des tomates, du sel et quelques tours de poivre. Il faut à peu près 30 minutes de cuisson à feu moyen, en remuant de temps à autre à la cuillère de bois, pour que la sauce soit à point, épaisse et parfumée.

★ C'est le moment d'égoutter la morue qui se morfondait au tiède. Et de la « parer », c'est-à-dire d'ôter la peau et les arêtes. Ça demande un peu de patience mais ça en vaut la peine ! Effeuillez la chair nacrée (on se croirait à Pigalle...) et laissez-la en attente à température ambiante, recouverte hermétiquement pour éviter qu'elle se dessèche.

★ Retournez à la sauce tomate, débarrassez-la des aromates et du persil qui ont fait leur travail. Couvrez et laissez également en attente. Tout cela aura pris à peine plus d'une heure.

Il vous restera, au début du dîner, à mêler délicatement la chair de la morue à la sauce tomate, à laisser réchauffer à feu doux et à couvert pendant la dégustation de l'entrée, à verser le tout, au moment de servir, dans un joli plat creux et à ciseler les feuilles du persil restant, qui ajouteront leurs vitamines et leur joli effet vert cru.

Rendez-vous trois heures avant l'arrivée de vos invités, pour la préparation de l'entrée et du dessert. Vous aurez ce faisant tout le loisir de dresser la table, de vous pomponner, etc.
Commençons par le dessert.

3 Granité de café

★ Si vous faites vous-même l'expresso idéal, c'est le moment. C'est aussi le moment dans le cas du Nescafé. Dans celui du bistrot, il vous suffira d'ouvrir la bouteille thermos que le sympathique limonadier aura remplie pour vous. Ensuite, soit vous mélangez le sirop au café, soit vous y versez le sucre semoule et l'y remuez jusqu'à parfaite dissolution. Laissez refroidir.

Continuons avec l'entrée.

1 Anchois marinés

★ Il s'agit d'abord de vider les poissons. C'est facile. À l'aide d'un bon petit couteau d'office, coupez l'arête dorsale à la base de la tête et tirez doucement : le plus gros des entrailles vient avec la tête. Ouvrez le ventre, essuyez intérieur et extérieur au papier absorbant. Arrachez les nageoires, qui viennent toutes seules.

★ Mettez vos poissons en filets : glissez un doigt dans le ventre ouvert et décollez la chair de l'arête, tout du long jusqu'à la queue, en maintenant fermement la petite bête de l'autre main. Ouvrez l'anchois, détachez l'arête de l'autre filet et coupez-la juste au-dessus de la queue. Ça a l'air effrayant, mais c'est très facile. Si vous craignez vraiment de vous lancer, votre poissonnier se chargera de la manœuvre moyennant un royal pourboire.

★ Préparez la marinade. Lavez et essuyez le citron. Grattez toute la peau à l'aide d'un zesteur et pressez le jus. Battez ce jus à la fourchette avec la même quantité d'huile d'olive. Badigeonnez de cette émulsion, au pinceau, un plat assez grand pour y étaler les anchois en deux couches.

★ Rangez la première couche d'anchois, chair contre le plat. Parsemez de gros sel (avec parcimonie), de quelques grains de poivre, d'une gousse d'ail en lamelles transparentes, d'une feuille de laurier brisée, de la moitié des zestes, d'une branche de romarin. Dressez la deuxième couche de même et versez le reste de l'émulsion huile-citron avec régularité.

★ Couvrez hermétiquement, laissez mariner au frais. Vous servirez ce délice avec des tartines grillées.

Dès les anchois expédiés à l'ombre, repensez au dessert dont la base refroidie se morfond un peu.

3 Granité de café

★ Versez le café dans un bac ou un plat et glissez au congélateur, où il prendra en cristaux.

Au moment de servir les fromages, vous transvaserez le granité dans le bol d'un mixeur, mixerez quelques secondes, répartirez dans quatre jolies coupes que vous glisserez à nouveau au congélateur.
Il n'est pas interdit de déguster, comme à Rome, *la granita di caffè con la panna montata*, c'est-à-dire accompagnée de crème fouettée bien ferme, sans sucre bien sûr (il vous faudra dans ce cas 25 cl de crème fleurette en sus du marché et suivre la méthode de la p. 65).
Mais je vous préviens : c'est une drogue dure dont il devient presque impossible de se passer, et je vous en parle en connaissance de cause.

★

Petits pains de courgettes
Rougets en papillotes
Salade de pêches

★

Réservez ce menu au plein été : les légumes, les herbes et les fruits y sont à leur meilleur, les rougets dodus, et c'est si peu de travail que vous pouvez l'offrir au déjeuner. Un déjeuner un peu tardif évidemment, à la paresseuse.

Votre marché pour 4 personnes :

1 Petits pains de courgettes (préparation : 40 minutes en deux temps ; cuisson : 15 minutes au dernier moment) : ▸ 200 g de pâte à pain chez votre excellent boulanger (commandez-la la veille par sécurité), rangée à température ambiante, sous un torchon ▸ 8 petites courgettes, denses, lourdes, la peau lisse et brillante ▸ 2 gousses d'ail jeune ▸ un demi-bouquet de basilic ▸ 25 g de pignons ▸ 100 g de parmesan ▸ huile d'olive ▸ sel fin, poivre du moulin

2 Rougets en papillotes (préparation : 40 minutes en deux temps ; cuisson : 8 minutes au dernier moment) : ▸ 4 rougets-barbets de 200 g chacun, dont votre poissonnier lèvera les filets ▸ 2 petites aubergines, denses, lourdes, le pédoncule bien vert ▸ 2 gousses d'ail jeune ▸ un demi-bouquet de basilic ▸ 50 g de beurre mou dans un bol ▸ huile d'olive ▸ sel fin, poivre du moulin

3 Salade de pêches (préparation : 20 minutes ; courte macération) : ▸ 4 pêches blanches, mûres, fermes, surtout pas farineuses ▸ 2 brugnons à point ▸ 2 pamplemousses roses ▸ 1 citron non traité ▸ quelques branches de menthe ▸ 100 g de cassonade ou sucre roux

Préparation totale du repas : 1 heure 40 minutes

Avec les saveurs un peu corsées de l'entrée et du plat, un bandol par exemple serait rafraîchissant. Essayez !

★ ★ ★

Attaquez, maison prête et couvert dressé, 2 heures avant l'arrivée de vos invités. Vous mènerez d'abord la prépation du dessert.

3 Salade de pêches

★ Lavez et séchez le citron, grattez toute sa peau au zesteur au-dessus d'une petite casserole où attend la cassonade juste mouillée d'eau. Portez la casserole au feu, en remuant de temps en temps, jusqu'à ce que le sucre soit fondu.

★ Épluchez les pêches exactement comme vous le faites des tomates (voir p. 69). Lavez et séchez les brugnons.

★ Choisissez un joli plat creux, laissez-y tomber les tranches fines des pêches et des brugnons découpées au couteau d'office dans la hauteur du fruit, jusqu'au noyau.

★ Pelez les pamplemousses à vif : posez-les sur une planche et, à l'aide d'un couteau très aiguisé, tranchez deux rondelles au pédoncule et au cul du fruit en entamant un peu la chair ; reposez le fruit sur sa base et pelez tout autour, en suivant l'arrondi, là encore en tranchant un peu dans la chair – il faut éliminer toute la peau blanche qui est amère. Prélevez la chair au-dessus du plat, pour récupérer le jus : incisez au couteau le long de la membrane qui sépare les tranches, faites tomber toutes les tranches dans le plat, pressez dans votre main ce qui reste du fruit (toujours pour le jus).

★ D'un doigt léger arrangez l'ordonnance des fruits pour que ce soit joli, puis versez le sirop et ses zestes.

★ Rangez le plat couvert au réfrigérateur où il attendra, en macérant tranquillement, l'heure d'être servi. Il vous suffira alors de le parsemer de petites feuilles de menthe, qui le parfumeront agréablement et ajouteront une touche bienvenue de tendre vert.

Passons au salé et à l'entrée.

1 Petits pains de courgettes

★ Prenez la pâte à pain et travaillez-la à la main avec 2 c.s. d'huile d'olive, qui la rendront croustillante à la cuisson. Remettez-la sous son torchon.

★ Pendant qu'elle repose, lavez et essuyez les courgettes, ôtez les extrémités, râpez à la râpe à gros trous. Mettez à chauffer dans une poêle 3 c.s. d'huile d'olive, tournez-y les courgettes, salez, poivrez et faites cuire à feu moyen, en remuant de temps en temps, jusqu'à ce que l'eau de végétation ait disparu, ce qui prend à peu près 10 minutes.

★ Profitez-en pour râper le parmesan et effeuiller le basilic de façon à obtenir une grosse poignée de feuilles. Laissez en attente.

★ Quelques minutes avant la fin de la cuisson des courgettes, épluchez l'ail, pressez-le au-dessus de la poêle et mélangez. Lorsque la cuisson est achevée, éteignez le feu et laissez refroidir.

Nous voici à 1 heure environ de l'heure H : il est temps de vous occuper du poisson.

2 Rougets en papillotes

★ Lavez les aubergines, ôtez leur pédoncule, coupez la chair en petits dés. Faites chauffer 3 c.s. d'huile d'olive dans une poêle, versez-y les légumes, salez, poivrez et faites cuire à feu moyen, en remuant de temps en temps, jusqu'à ce qu'ils soient fondants. Cela prend à peu près 15 minutes. Puis éteignez le feu et laissez refroidir.

★ Effeuillez le basilic pour obtenir une grosse poignée de feuilles. Ciselez-les fin au-dessus du beurre. Pelez l'ail et pressez-le par-dessus. Salez, poivrez et mélangez le tout à la fourchette. Laissez en attente.

La poêlée de courgettes refroidie, reprenez les préparations de l'entrée.

1 Petits pains de courgettes

★ Partagez la pâte à pain en quatre morceaux, étalez-les sur un demi-centimètre d'épaisseur et posez-les sur la plaque du four.

★ Mélangez aux courgettes qui se morfondaient dans la poêle le basilic ciselé, le parmesan, les pignons, goûtez, ajoutez du sel ou du poivre si nécessaire. Répartissez sur la pâte à pain.

Vous n'aurez plus, 25 minutes avant de passer à table, qu'à préchauffer le four (200 °C) et à cuire les petits pains 15 minutes, jusqu'à ce qu'ils soient cuits à point, la croûte craquante et la mie moelleuse. Ils seront plus jolis encore accompagnés d'un peu de verdure assaisonnée.

Vos invités ne vont plus tarder. C'est le moment d'achever le poisson.

2 Rougets en papillotes

★ Découpez 4 carrés dans du papier d'aluminium. Au milieu de chaque carré déposez le quart des aubergines, rangez dessus 2 filets de rouget dans la diagonale de la papillote, et tartinez-les du quart du beurre parfumé. Refermez soigneusement la papillote en roulant les bords de la feuille d'aluminium sur eux-mêmes et en relevant légèrement les extrémités. Voilà : c'est prêt à cuire.

Lorsque vous servirez l'entrée, vous pousserez la chaleur du four au maximum. Les papillotes auront besoin de 8 minutes pour être à point, c'est-à-dire qu'il faudra les glisser au four juste avant de changer le couvert.

Bien qu'il s'agisse de vraie cuisine, ça reste très confortable, vous ne trouvez pas ?

★

Salade de langoustines
Soles aux artichauts
Gratin de framboises

★

Vous offrirez ce menu discrètement coûteux à des personnes que vous désirez spécialement honorer, des amis un peu désargentés par exemple, qui n'ont pas tous les jours le privilège de dîner si luxueusement et à qui vous ferez vraiment plaisir.

Votre marché pour 4 personnes :

1 Salade de langoustines (préparation et cuisson : 30 minutes) : ▸ 16 grosses langoustines, ou 20 moyennes, ou 24 petites ▸ 1 sachet de court-bouillon déshydraté d'excellente qualité ▸ 1 livre de petites pousses d'épinards ▸ le quart d'un bouquet de persil plat ▸ vinaigre balsamique ▸ huile d'olive ▸ sel fin, poivre du moulin

2 Soles aux artichauts (préparation et cuisson : 1 heure ; réchauffage : 5 minutes au dernier moment) : ▸ 2 très grosses soles, dont votre poissonnier lèvera les filets ▸ 8 beaux artichauts violets, les plus charnus que vous trouverez ▸ 2 grosses pommes de terre ne se défaisant pas à la cuisson (250 g environ) ▸ 1 citron ▸ les trois quarts d'un bouquet de persil plat ▸ 1 verre à moutarde de lait ▸ 50 g de beurre ▸ 50 g de farine ▸ huile d'olive ▸ sel fin, poivre du moulin

3 Gratin de framboises (préparation et cuisson : 30 minutes en deux temps ; finition : quelques secondes) : ▸ 1 livre de framboises ▸ 50 g d'amandes effilées ▸ 1 gousse de vanille bourbon ▸ 1 demi-litre de lait frais entier ▸ 10 cl de crème fleurette ▸ 4 œufs dont vous n'utiliserez que le jaune ▸ 1 petit morceau de beurre ▸ 50 g de farine ▸ 100 g de sucre semoule ▸ 3 c.s. de kirsch

Préparation totale du repas : 2 heures

Un chablis me semble indiqué avec ce dîner, et je vous suggère de servir un très bon roquefort pour fromage, accompagné d'un meursault et de branches tendres de céleri (vous aurez mangé de la verdure en entrée et n'aurez donc pas besoin de salade).

★ ★ ★

Mettez-vous à la tâche 3 heures avant le moment fatidique, ce qui suffira à tout préparer et à vous détendre un peu pour finir.

Commençons par la première phase du dessert.

3 Gratin de framboises

★ Mettez à bouillir le lait assaisonné de la gousse de vanille fendue en deux dans sa longueur (ce sont les grains qui développent l'arôme), puis laissez infuser 5 minutes hors du feu.

★ Mélangez dans une terrine, au batteur électrique à petite vitesse, la farine, le sucre et les jaunes d'œufs jusqu'à ce que cela forme une sorte de mousse pâle et volumineuse. Versez dessus le lait chaud à travers un chinois, par petites quantités, en battant toujours. Récupérez la gousse de vanille, râclez ses grains au couteau, ajoutez-les à la terrine, battez encore.

★ Versez le mélange dans la casserole où a bouilli le lait (par souci d'économiser la vaisselle. Si vous adorez faire la vaisselle, prenez une autre casserole), portez lentement à ébullition en tournant constamment à la cuillère de bois. Donnez deux ou trois bouillons et ôtez du feu.

★ Versez cette crème épaisse dans une jatte : vous avez fait une crème pâtissière sans même vous en apercevoir. Piquez d'une fourchette le petit morceau de beurre froid qui vous a intrigué dans les ingrédients et promenez-le à la surface de la crème : ainsi la peau qui viendrait du refroidissement ne se formera pas.
La première phase est achevée. Avant de vaquer aux occupations suivantes, pensez à mettre au réfrigérateur la crème fleurette dans un bol, en compagnie des pales métalliques de votre batteur : vous ferez bientôt une crème fouettée.

Passons au plat dit « de résistance ».

2 Soles aux artichauts

★ Préparez les artichauts : cassez ou coupez la queue au ras des têtes, jetez les légumes dans une grande casserole d'eau bouillante salée et cuisez 20 minutes à bon feu et à découvert.

★ Mettez ce temps à profit pour préparer le poisson. Ayez un couteau bien aiguisé. Étalez chaque filet sur une planche et détaillez-le en lanières de la grosseur d'un doigt, en biseau, en commençant par la queue. Posez vos goujonnettes (on nomme ainsi ces lanières) dans un récipient creux et arrosez-les de lait.

★ Préparez aussi les pommes de terre : pelez, passez sous l'eau froide, coupez au couteau en bâtonnets comme si vous prépariez des frites.

Rincez sous le robinet d'eau froide, roulez dans un torchon où vous les laisserez attendre.

★ Égouttez les artichauts, plongez 5 minutes dans un récipient plein d'eau froide, égouttez de nouveau. Détachez toutes les feuilles (vous pouvez grignoter au passage), ôtez le foin : vous avez de beaux fonds d'artichauts, que vous couperez chacun en huit comme vous le feriez d'une tarte. Laissez en attente.
Voilà, tous vos ingrédients sont prêts à être cuisinés.

★ Égouttez et épongez les goujonnettes au papier absorbant. Versez la farine dans une assiette creuse. Roulez-y le poisson, veillez à ce qu'il soit fariné de toutes parts, versez dans un chinois et secouez un peu afin d'éliminer l'excès de farine.

★ Prenez deux poêles anti-adhésives, mettez-les à chauffer à feu vif, chacune pourvue d'une noix de beurre et de 2 c.s. d'huile d'olive. Quand le mélange beurre-huile aura fini de crépiter, versez dans une poêle les goujonnettes pour 5 minutes, dans l'autre les pommes de terre pour 10 minutes, en remuant doucement de temps à autre à la cuillère de bois afin que tout cuise uniformément. Veillez à ce que la matière grasse ne brûle pas. Égouttez en fin de cuisson les goujonnettes et les pommes de terre dans la même passoire, où elles attendront la finition du plat.

★ Lavez, épongez et effeuillez le persil. Ciselez-en la valeur de 3 c.s. Pressez le citron.
Réservez ces assaisonnements.

Vous achèverez au moment de servir : dès que vous aurez débarrassé l'entrée, mettez le reste du beurre à chauffer dans une poêle jusqu'à ce que sa mousse blanche s'efface et qu'il prenne une belle couleur blonde. Versez les pommes de terre, les goujonnettes, les fonds d'artichauts, salez et poivrez. Laissez grésiller 3 à 5 minutes, jusqu'à ce que ce soit bien chaud, en remuant avec précaution à la cuillère de bois. Arrosez du jus de citron, parsemez du persil et servez sans attendre dans un joli plat.

Nous voici à la mi-temps de nos préparatifs, soit environ 1 heure 30 minutes avant l'arrivée de vos invités. C'est le moment de nous intéresser à l'entrée.

1 Salade de langoustines

★ Faites le court-bouillon selon le mode d'emploi. Au premier bouillon plongez-y les langoustines. Dès que l'ébullition reprend, ôtez les langoustines si elles sont petites, laissez-les 10 secondes si elles sont moyennes et 30 secondes si elles sont grosses. Égouttez, laissez refroidir à température ambiante dans un plat creux, sous un torchon.

★ Épluchez les épinards feuille à feuille, c'est-à-dire équeutez en tirant la queue vers la feuille tenue à l'envers. C'est un peu fastidieux mais ça laisse la tête libre, et vous pourrez écouter ce faisant, avec l'attention soutenue qu'il mérite, le *Concerto numéro 20* de Mozart. Vous laverez ensuite les épinards à grande eau, plusieurs fois si nécessaire, car ce légume est souvent maculé de terre. Égouttez à fond.

★ Dans un petit bol, confectionnez la sauce : faites fondre le sel en le tournant dans 3 c.s. de vinaigre, poivrez avec largesse, ajoutez peu à peu 8 c.s. d'huile d'olive en émulsionnant au petit fouet.

★ Lavez, épongez et effeuillez le persil. Ciselez-en la valeur d'1 c.s.

Une demi-heure avant l'arrivée de vos invités, vous décortiquerez les langoustines (vous savez faire ça très bien), dont les queues attendront encore un peu sous le torchon. Pressez les têtes au-dessus du bol de sauce vinaigrette, émulsionnez encore.

Il vous restera, juste avant de passer à table, à disposer les épinards dans un saladier, donner encore un petit tour de fouet à la sauce et en verser la moitié sur la verdure, tourner afin de bien enrober toutes les feuilles, répartir sur quatre assiettes, ranger au milieu les langoustines en dôme, les arroser du reste de sauce, les parsemer du persil haché et servir.

Reprenons le dessert pour sa seconde phase.

3 Gratin de framboises

★ La crème pâtissière est maintenant refroidie. Mélangez-lui la moitié de l'alcool, ce qui l'allègera. Confectionnez la crème fouettée (voir p. 65). Mélangez-la avec précaution à la crème pâtissière, en tournant de bas en haut. Répartissez les framboises équeutées dans quatre petits plats supportant le four, aspergez-les du reste d'alcool, répartissez la crème avec équité. Faites encore patienter au frais.

Au moment de servir le fromage, vous allumerez la salamandre du four à température maximum. Lorsque vous desservirez, glissez dessous, au plus près de l'incandescence, les petits plats aux framboises qui vont dorer légèrement en quelques secondes, juste le temps de poser les assiettes à dessert sur la table. Servez brûlant ce gratin qui rend tout le monde meilleur.

★

Le genre terrestre

Vichyssoise de courgettes
Pigeons en cocotte
Granité de citron

★

Ça fait assez grand genre. Choisissez les convives avec discernement. Je n'ai rien à ajouter : vous verrez le résultat.

Votre marché pour 4 personnes :

1 Vichyssoise de courgettes (préparation et cuisson : 30 minutes en deux temps) : ▸ 1 kg de courgettes petites et bien fermes ▸ 1 grosse pomme de terre bintje (250 g environ) ▸ quelques branches de persil plat, de cerfeuil et de ciboulette ▸ 25 cl de crème fleurette ▸ noix de muscade, sel fin, poivre du moulin

2 Pigeons en cocotte (préparation et cuisson : 1 heure en deux temps) : ▸ 2 pigeons bridés non bardés ▸ 100 g de poitrine fumée en petits lardons, avec la couenne ▸ 1 kg de pois gourmands ▸ 1 belle carotte,1 oignon, 1 échalote, 1 gousse d'ail ▸ 1 bouquet garni : 1 feuille de laurier, 1 branchette de thym, 1 belle branche de persil ▸ quelques branches de cerfeuil (surtout pour l'esthétique) ▸ 100 g de beurre ▸ 1 dl de vin blanc sec ▸ huile d'olive ▸ sel fin, poivre du moulin

3 Granité de citron (préparation : 15 minutes ; prise : 1 heure) : ▸ 6 beaux citrons non traités ▸ 300 g de sucre semoule

Préparation totale du repas : 1 heure 45 minutes

J'accompagnerais volontiers les pigeons d'un bourgogne rouge. Avec la vichyssoise : rien. Avec le dessert de l'eau plate évidemment, glacée à en givrer le verre. Ou alors, carrément, de la vodka.

★ ★ ★

Le potage froid, un classique dont se régalaient déjà nos grands-parents, se fait en un tournemain et vous pouvez profiter d'un quelconque moment de désœuvrement, pour peu qu'il advienne à distance de votre repas (le temps que ça refroidisse).

1 Vichyssoise de courgettes

★ Déposez au réfrigérateur le nécessaire à crème fouettée (voir p. 65). Mettez 2 litres d'eau salée à bouillir. Pelez vos courgettes à l'économe, étêtez-les et coupez en tronçons de 2 ou 3 cm. Pelez la pomme de terre, lavez-la et coupez en petits cubes.

★ Jetez les légumes dans l'eau en ébullition, comptez 13 minutes à bon feu à partir de la reprise des bouillons.

★ Égouttez, jetez l'eau de cuisson et laissez les légumes refroidir.

Vous pouvez aller vous promener jusqu'à 2 heures avant l'arrivée de vos convives. Reprenez alors la vichyssoise, vous n'y penserez plus.

★ Montez la crème comme je vous l'ai déjà expliqué (toujours p. 65). Mixez les légumes avec quelques râpures de muscade et un sérieux tour de poivre, puis versez cette purée dans la crème fouettée. Incorporez avec prudence, en soulevant la masse de bas en haut jusqu'à ce qu'elle soit bien homogène. Goûtez, ajoutez du sel si nécessaire, versez dans une jolie soupière et mettez au réfrigérateur.

Il ne vous restera plus, au moment de servir, qu'à ciseler un peu de chaque herbe au-dessus de la soupière. Vous dégusterez cette exquise fraîcheur en évitant de penser à Pétain, ce qui gâcherait votre plaisir.

Occupez-vous du dessert, dont la facilité est presque risible.

3 Granité de citron

★ Lavez et essuyez les citrons. Grattez toute leur peau avec un zesteur.

★ Prenez deux petites casseroles. Versez dans chacune 25 cl d'eau et la moitié du sucre. Faites bouillir le contenu de la première jusqu'à ce que le sucre soit fondu, puis éteignez le feu et mettez à refroidir la casserole en la posant dans de l'eau glacée.

★ Lorsque le contenu de la seconde casserole est à ébullition, jetez-y les zestes et laissez-les confire à tout petit feu 5 minutes. Égouttez-les ensuite, et laissez-les refroidir étalés dans une assiette, afin qu'ils ne collent pas entre eux.

★ Pressez les citrons, passez leur jus à travers un chinois au-dessus de la première casserole, mélangez jus et sirop.

★ Versez dans un bac ou un plat et placez au congélateur.

Au moment de servir les fromages, vous transvaserez le granité dans le bol d'un mixeur, mixerez quelques secondes, répartirez dans quatre jolies coupes que vous glisserez au congélateur. Vous n'aurez plus, en les portant à table, qu'à décorer les coupes des zestes confits qui se morfondaient.

Une heure avant l'arrivée des convives, mettez tranquillement les petits oiseaux en train.

2 Pigeons en cocotte

★ Dans une cocotte à leur taille, chauffez à feu modéré 2 c.s. d'huile et 25 g de beurre. Déposez les pigeons et faites-les dorer de toutes parts, avec patience. Cela demande un quart d'heure à peu près. Prenez garde à ce que la matière grasse ne brûle pas. Salez et poivrez pour finir.

★ Pendant que dorent les oiseaux, pelez la carotte, l'oignon, l'échalote et l'ail, coupez-les en tout petits dés.

★ Retirez les pigeons lorsqu'ils sont dorés, faites-les attendre sur une assiette et mettez dans la cocotte, à leur place, les lardons et les dés de légumes. Cuisez 5 minutes en remuant à la cuillère de bois, puis versez dans une passoire, ce qui éliminera la matière grasse qui a joué son rôle. Laissez en attente.

★ N'oubliez pas que vous avez encore les pois gourmands sur les bras : retirez-en les fils (un seul par pois, Dieu merci, côté pois justement) pendant que chauffe une casserole d'eau salée. Lorsqu'elle bout, jetez-y les pois, gardez un feu d'enfer et comptez 5 minutes à partir de la reprise de l'ébullition. Égouttez, plongez 1 ou 2 minutes dans l'évier rempli d'eau froide où nagent des glaçons : ainsi vos légumes garderont leur vert franc. Égouttez encore. Laissez en attente.

Vous reprendrez ces préparations 30 minutes avant de servir les pigeons, soit quelques minutes avant de passer à table.

★ Versez le vin blanc dans la cocotte, faites-le bouillir 3 minutes en grattant le fond à la cuillère de bois pour détacher les sucs.

★ Remettez les pigeons entourés des lardons et des légumes en dés. Ajoutez le bouquet garni, du sel et du poivre. Couvrez. Laissez mijoter 30 minutes à feu modéré, en tournant les oiseaux une fois.

★ Faites fondre le reste du beurre dans une poêle, à feu doux. Versez les pois gourmands et tournez-les dans le beurre afin de les enrober de toutes parts. Ils se réchaufferont tranquillement.
Vous pouvez commencer à dîner la conscience en paix.

Au moment du service, coupez les pigeons par la moitié en éliminant la carcasse, et disposez-les sur un plat chaud, arrosés de jus, entourés des lardons et des pois gourmands. Accentuez encore la beauté de l'ensemble par quelques brins de cerfeuil artistement répartis. Même les libertins les plus blasés en seront émus.

★

Fleurs de courgettes
Chevreau rôti
Glace à la vanille

★

Ce menu est parfait pour célébrer l'apothéose du printemps. Même l'individu le plus coriace ne peut pas résister à tant de douceur et vos invités vont nager dans le lait de l'humaine tendresse.

Votre marché pour 4 personnes :

1 Fleurs de courgettes (préparation : 15 minutes ; cuisson : 2 minutes au dernier moment) : ▸ 12 minuscules courgettes avec leur fleur bien fraîche ▸ 1 œuf ▸ 125 g de farine ▸ 1 sachet de levure alsacienne en poudre ▸ 1 canette de bière blonde ▸ huile d'olive ▸ sel fin, poivre du moulin

2 Chevreau rôti (préparation : 15 minutes ; macération : 2 heures ; cuisson : 45 minutes) : ▸ la moitié du train arrière d'un chevreau, que vous demanderez à votre boucher de prédécouper ▸ 1 kg 500 de petits pois frais ▸ 1 citron ▸ 1 petit bouquet de menthe ▸ 1 gousse d'ail ▸ 50 g de beurre ▸ huile d'olive ▸ 1 clou de girofle, 1 c.c. de cannelle en poudre, 1 morceau de sucre, sel fin, poivre du moulin

3 Glace à la vanille (préparation : 30 minutes en deux temps ; prise : 3 heures) : ▸ 75 cl de crème fleurette ▸ 8 œufs ▸ 250 g de fruits rouges et noirs mélangés ▸ quelques branches de menthe (pour faire joli) ▸ 2 gousses de vanille Bourbon ▸ 200 g de sucre semoule

Préparation totale du repas : 1 heure

Un côtes-de-provence blanc servi frais ira très bien avec l'entrée après avoir tenu lieu d'apéritif, un vin rouge capiteux accompagnera les épices du chevreau, et de l'eau plate la crème glacée.

★ ★ ★

C'est par le dessert, bien sûr, qu'il faut commencer au retour du marché.

3 Glace à la vanille

★ Vous avez remarqué que je vous ai indiqué des quantités un peu excessives pour quatre personnes : elles vont en effet pour six, mais la glace se conserve très bien et il n'est pas dit que vous n'en veniez pas à bout en un repas, tant elle est irrésistible !
Un mot encore : vous avez besoin d'une sorbetière et d'un freezer capable de la contenir. Je vous assure que ça en vaut la peine ! L'homme dont je partage l'existence, d'un style pourtant assez spartiate, a acquis ce matériel immédiatement et sans le moindre commentaire après avoir goûté la glace à la vanille que je vous décris ci-dessous. Vous pouvez aussi vous procurer une sorbetière autonome, mais c'est un appareil quasiment professionnel, donc coûteux, et encombrant lorsqu'on ne fait pas de glace tous les jours. Vous pouvez enfin, si vous êtes entêté au point de ne vous laisser ébranler par aucune des séductions que je viens de déployer, acheter un demi-litre de crème glacée à la vanille chez le meilleur artisan de votre ville, la placer au freezer jusqu'à l'heure du dîner, rayer de votre liste d'achats tout ce que nous allons maintenant cuisiner et passer directement à la préparation du chevreau.

★ Fendez les gousses de vanille dans leur longueur, afin qu'elles développent tout leur arôme. Posez-les dans une casserole avec la crème fleurette et chauffez à feu modéré jusqu'au premier bouillon. Otez la casserole du feu.

★ Prenez les œufs, dont vous n'utiliserez que le jaune (je suggère que vous gardiez les blancs au frais pour confectionner un « latte cotto » le lendemain au plus tard – voir p. 174). Dans une terrine, fouettez au batteur électrique ces jaunes avec le sucre, jusqu'à ce que le mélange forme une mousse jaune pâle volumineuse et aérée. Prélevez les gousses dans la casserole, râclez au couteau les grains de vanille au-dessus des œufs et fouettez encore un instant.

★ Versez la crème dans les œufs par petites quantités, en mélangeant bien à la cuillère de bois.

★ Reversez dans la casserole, mettez à feu doux en remuant constamment. La crème est prise lorsqu'elle nappe la cuillère, c'est-à-dire la couvre d'un enduit homogène assez épais. Voilà : vous avez fait une crème anglaise, à ceci près que le lait est ici remplacé, pour plus de suavité, par la fleurette. Si vous cuisiez quelques secondes de trop, la crème se dissocierait. Ce ne serait pas grave : il suffirait de la passer au mixeur pour qu'elle retrouve la consistance liée et veloutée qui doit être la sienne.

★ Laissez refroidir avant de verser dans la sorbetière et de mettre à turbiner. Si je prends l'exemple de mon appareil tout simple, il a besoin de 3 heures pour que la glace soit prête. Lorsque ce sera le cas, démoulez sur un plat (c'est très facile : il suffit de tremper le moule quelques secondes dans l'évier contenant de l'eau chaude) et remettez au freezer.

Juste avant de passer à table, vous sortirez la glace du freezer et la laisserez prendre au réfrigérateur la consistance idéale, le temps de déguster l'entrée et le plat de résistance.

J'ignore ce que vous aurez fait dans l'intervalle, mais nous avons rendez-vous 3 heures avant de retrouver vos invités.

2 Chevreau rôti

★ Préparez d'abord le quartier de chevreau. Mélangez dans un bol le clou de girofle après l'avoir écrasé d'un coup de manche de couteau, 1 c.c. de sel fin, autant de poivre moulu, la cannelle, l'ail pelé et pressé, le jus du citron, 8 c.s. d'huile d'olive et une douzaine de feuilles de menthe ciselées. Enduisez au pinceau le chevreau de cette marinade, arrosez-le de ce qui reste dans le bol, couvrez-le d'une feuille d'aluminium et laissez-le macérer ainsi 2 heures à température ambiante.

★ Pendant ce temps écossez les petits pois, mettez-les dans une cocotte avec le beurre, 1 petit verre d'eau, du sel, du poivre, le morceau de sucre et une branche de menthe. Couvrez, laissez attendre ainsi le moment de cuire.

Achevez votre dessert.

3 Glace à la vanille

★ Préparez les fruits dont vous agrémenterez la glace. Je vous rappelle à tout hasard qu'on ne lave ni les fraises des bois, ni les framboises, ni les mûres, et qu'on lave les fraises et les groseilles *avant* de les équeuter ou de les égrapper. Laissez en attente hors du réfrigérateur, qui tue ces parfums délicats.

Vous n'aurez plus, au moment de servir, qu'à répartir la glace dans des coupes, les garnir de fruits et les orner de petits bouquets de menthe qui feront très joli.

Occupez-vous aussi de l'entrée.

1 Fleurs de courgettes

★ Essuyez les courgettes avec un torchon, coupez le pédoncule opposé à la fleur, coupez aux ciseaux le pistil des fleurs (qui donnerait un goût amer) sans en abîmer les pétales.

★ Faites la pâte à beignets : passez la farine et 2 fortes pincées de levure à travers un chinois au-dessus d'une terrine, cassez l'œuf dans un petit bol, battez-le à la fourchette et versez dans la terrine, mélangez au fouet à main ou au batteur électrique à petite vitesse, ajoutez, toujours en fouettant, 1 dl de bière et autant d'eau. Laissez reposer. Reposez-vous aussi.

Vous aurez tout loisir de dresser la table, de vérifier l'ordonnance et le confort de votre maison, de préparer ce qui concerne l'apéritif et vous-même.

★ Juste avant le coup de sonnette, versez un demi-litre d'huile d'olive dans une sauteuse et posez sur feu doux.

Il vous restera, avant de passer à table, à pousser le feu sous la sauteuse de manière à avoir une huile très chaude (vérifiez en y jetant un petit bout de pain, qui doit immédiatement grésiller) mais pas fumante cependant parce qu'elle deviendrait toxique. Redonnez un petit tour de fouet à la pâte à beignets, plongez-y les courgettes, fleur comprise, et hop ! sans délai dans la friture. Après 2 minutes et en les ayant retournées à la mi-temps si nécessaire, vous les sortirez de la sauteuse à l'écumoire, les déposerez sur un plat garni d'un torchon plié en quatre, salerez avec largesse et servirez aussitôt.

Vos invités arrivent. Ne perdez pas de vue l'animal qui marine à la cuisine.

2 Chevreau rôti

★ En servant les apéritifs, allumez le four (220 °C). Dix minutes après, placez le chevreau dans un plat à rôtir, arrosez-le de la marinade et glissez-le dans le four. Il y cuira 45 minutes. Vous profiterez de chacune de vos incursions à la cuisine pour l'arroser du jus qui s'accumule dans le plat.
En quittant la cuisine pour servir l'entrée, allumez un feu moyen sous la cocotte où attendent les petits pois.

Trente minutes après (ce qui correspond au temps nécessaire pour déguster les beignets, converser agréablement et changer le couvert), vous servirez le chevreau rôti, son jus en saucière et les petits pois enrobés d'un enduit sirupeux, débarrassés de la branche de menthe. Vous découperez à table. La viande est croustillante dessus, fondante dessous et le tout délectable.

★

Tomates marinées
Carré d'agneau aux artichauts
Panacotta

★

Ici encore, la suavité à l'état pur (vous avez le droit, à tout moment, de diviser les proportions par deux et d'inviter seulement la personne pour laquelle vous défaillez d'amour. Ça ne me regarde pas).

Votre marché pour 4 personnes :

1 Tomates marinées (préparation : 15 minutes ; macération : 4 heures) : ▸ 1 kg de petites tomates en grappes, mûres, fermes et parfumées ▸ 2 gousses d'ail jeune ▸ 3 branches de persil plat et 3 de basilic ▸ 250 g de ricotta italienne ou de broccio corse (ce sont des fromages frais de brebis) ▸ huile d'olive très fruitée ▸ sel fin, poivre du moulin

2 Carré d'agneau aux artichauts (préparation : 30 minutes ; cuisson : 25 minutes ; finition : 10 minutes) : ▸ 1 carré d'agneau de 8 côtes, que vous demanderez à votre boucher favori de préparer en couronne ▸ 16 artichauts violets, frais et charnus ▸ 1 botte d'oignons nouveaux ▸ 2 échalotes ▸ 1 ou 2 branches de menthe ▸ 50 g de beurre ▸ 1 dl de vin blanc sec ▸ huile d'olive ▸ sel fin, poivre du moulin

3 Panacotta (préparation : 30 minutes en deux temps ; prise : 2 heures) : ▸ 250 g de framboises et 250 g de mûres, ou 250 g de framboises et 250 g de groseilles, selon ce que vous trouverez au marché (l'important, c'est d'avoir un fruit doux et un acide) ▸ 1 citron ▸ 3 branches de menthe ▸ 1 gousse de vanille Bourbon ▸ 50 cl de crème fleurette ▸ 80 g de sucre semoule + 50 g ▸ 3 feuilles de gélatine

Préparation totale du repas : 1 heure 15 minutes

Je vous suggère un lussac saint-émilion avec l'agneau, de l'eau ou à la rigueur un blanc de Provence jeune et frais avec l'entrée, de l'eau ou encore un vin blanc doux, muscat du Cap Corse, monbazillac ou barsac, avec le dessert.

★ ★ ★

Nous procéderons comme souvent en deux temps. Le premier en début d'après-midi par exemple, le second juste avant l'arrivée des convives.
Commençons par l'entrée.

1 Tomates marinées

★ Pelez les tomates selon la méthode désormais routinière que vous connaissez depuis la page 69. Posez les pommes d'or toutes nues et attendrissantes de rondeurs naïves dans une jolie terrine. Parsemez de l'ail pelé et pressé et des feuilles ciselées du persil et du basilic. Arrosez d'huile d'olive avec largesse et laissez mariner jusqu'au dîner à température ambiante (au moins 4 heures).
Au moment de servir vous assaisonnerez de sel et de poivre, et vous répartirez avec grâce de gros flocons de ricotta ou de broccio. C'est tout et c'est divin !

Continuons par le dessert (de *panna cotta* : crème cuite en italien). Ce n'est rien à faire non plus, vous allez voir.

3 Panacotta

★ Mettez la gélatine à tremper dans un bol d'eau froide.

★ Fendez la gousse de vanille tout du long. Posez-la dans une casserole, ajoutez les 80 g de sucre et la fleurette, menez doucement à l'ébullition en remuant un peu pour aider le sucre à se dissoudre. Laissez cuire à frémissements 5 minutes.

★ Sortez la casserole du feu, prélevez la vanille, râclez les grains au couteau, mélangez-les à la crème. Égouttez la gélatine et pressez-la entre vos doigts pour en éliminer toute l'eau. Jetez-la dans la crème brûlante, remuez à fond.

★ Versez la crème dans des ramequins individuels ou un moule non métallique. Laissez refroidir avant de glisser au réfrigérateur, où cela mettra 2 heures au moins à prendre. Pour démouler, il suffira de tremper quelques secondes le ou les moules dans l'eau bouillante, et de renverser d'un coup sec la panacotta dans le plat ou les assiettes à dessert avant de l'entourer des fruits, mûres ou framboises, que vous aurez équeutés à un moment perdu.

★ Préparez le coulis qui arrosera ces suavités. Qu'il s'agisse des framboises ou des groseilles, la technique est exactement la même et se trouve pages 65-66, à ceci près que vous n'utilisez que 50 g de sucre. Dans le cas des framboises, le jus de la moitié du citron réveillera la saveur un peu douceâtre. Versez le coulis dans une saucière et placez au réfrigérateur.

Prenez de l'avance dans la confection du plat principal, vous l'achèverez juste avant l'arrivée de vos invités.

2 Carré d'agneau aux artichauts

★ Préparez les fonds d'artichauts exactement comme je vous l'expliquais pages 82-83 et laissez les quartiers en attente à température ambiante et à couvert, afin qu'ils ne se dessèchent pas.

★ Pendant leur cuisson, pelez les oignons en leur gardant un bout de vert, mettez-les dans une casserole avec 1 noix de beurre, 2 c.s. d'eau, sel et poivre. Couvrez et laissez cuire à feu modéré 15 minutes. Éteignez le feu et laissez également en attente, à couvert.

La première étape est achevée et vous laisse, tant elle fut simple, aussi reposé que si vous n'aviez rien fait. La deuxième sera tout aussi confortable. Du reste, vous commencez à avoir de l'entraînement et à montrer à la cuisine ce mélange de concentration et de désinvolture – quelque chose comme l'attention flottante des psychanalystes – qui est la marque de l'expérience.

★ Quelques minutes avant d'accueillir vos invités, donc, sortez l'agneau du réfrigérateur, posez-le dans un plat à four, frottez-le de sel et de poivre. Dès que chacun aura un verre en main, vous préchaufferez le four (240 °C). Au moment de passer à table, vous glisserez au four le carré d'agneau, qui cuira 25 minutes exactement.

★ Lorsque vous débarrasserez l'entrée, il sera temps d'achever : posez la viande dans son plat de service, recouvrez-la d'une feuille d'aluminium et laissez-la reposer dans le four éteint. Pendant ce temps, réchauffez les petits oignons, à découvert cette fois, et les artichauts à la poêle dans le reste du beurre, à feu assez vif pour les dorer un peu, pas trop pour éviter qu'il brûle ; ajoutez le vin blanc au jus rendu par la viande dans son plat de cuisson et faites bouillir à bon feu, en grattant le fond à la spatule de bois pour détacher les sucs. Pour finir sortez la viande du four, entourez-la des artichauts et des oignons enduits d'un jus sirupeux, parsemez de quelques feuilles de menthe et servez, en présentant la sauce à part dans une saucière.Tout cela vous aura pris si peu de temps que votre absence sera restée décente.

Voilà un délicieux dîner. Évitez seulement d'y convier les personnes à qui vous avez offert les goujonnettes de soles, à moins qu'elles ne raffolent des artichauts. Ce qui est mon cas, je vous le dis à tout hasard.

★

Tzatziki
Gâteau d'agneau
Granité de pêches

★

Vous allez dire : encore de l'agneau ! mais je mets au-dessus de tout cette viande jeune qui est à son meilleur à la belle saison. Pour confectionner ce gâteau il faut avoir rôti et dégusté un gigot la veille sans être parvenu à en venir à bout. C'est comme le hachis parmentier après le pot-au-feu : les restes sont encore plus savoureux, si c'est possible.

Votre marché pour 4 personnes :

1 Tzatziki (préparation : 30 minutes ; pas de cuisson) : ▸ 2 concombres pas trop gros, lourds et fermes jusqu'aux extrémités ▸ 2 gousses d'ail ▸ la moitié d'un bouquet de persil plat ▸ la moitié d'un bouquet de menthe ▸ 2 yaourts grecs ▸ huile d'olive ▸ sel fin, poivre du moulin

2 Gâteau d'agneau (préparation : 1 heure ; cuisson : 45 minutes) : Outre la livre de gigot qui vous reste des agapes de la veille, il vous faut : ▸ 800 g d'aubergines petites, fermes et bien brillantes ▸ 1 kg de tomates mûres et fermes ▸ 150 g de champignons de Paris, bien blancs ▸ 1 oignon moyen ▸ 2 gousses d'ail ▸ la moitié d'un bouquet de persil plat ▸ la moitié d'un bouquet de menthe ▸ 1 œuf ▸ 2 c.s. de chapelure ▸ huile d'olive ▸ sel fin, poivre du moulin

3 Granité de pêches (préparation : 30 minutes en deux temps ; prise : 3 heures) : ▸ 1 kg de pêches blanches bien mûres ▸ 300 g de framboises ▸ 1 livre de groseilles ▸ 1 citron ▸ 1 ou 2 branches de menthe (pour la touche verte) ▸ 400 g de sucre semoule

Préparation totale du repas : 2 heures

Un coteaux d'aix rouge convient très bien au gâteau d'agneau. Et pourquoi ne pas accompagner le tzatziki d'un retzina frappé ? Quant au granité, de l'eau plate ou à la rigueur du champagne.

★ ★ ★

Vous pouvez préparer ce dîner à l'avance en quasi-totalité. Choisissez-le un jour où vous disposez des 2 heures nécessaires le matin et pas d'une minute l'après-midi : il ferait beau voir que cela vous empêche de recevoir ! Quoi qu'il en soit vous savez depuis l'énoncé du menu qu'il faut d'abord préparer le dessert.

3 Granité de pêches

★ Faites fondre en casserole, à feu vif, 300 g de sucre avec 1 dl d'eau. Laissez bouillir 1 minute puis retirez la casserole du feu.

★ Pelez les pêches exactement comme vous le feriez de tomates (voir p. 69), coupez-les en quartiers, jetez les noyaux. Passez la chair au mixeur et ajoutez le jus du citron.

★ Lorsque le sirop est refroidi, mélangez-le à la purée de pêches, versez dans votre sorbetière et suivez le mode d'emploi (la mienne, par exemple, a besoin de 3 heures au freezer).

★ Préparez le coulis de groseilles avec les 100 g de sucre qui vous restent (voir p. 65-66). Versez en saucière et réservez au réfrigérateur. Les framboises, quant à elles, attendront hors du froid le moment du service. Vous les équeuterez à un moment perdu.

Il vous restera, juste avant l'arrivée des invités, à démouler le granité sur son plat de service (en plongeant le moule quelques secondes dans de l'eau très chaude), à le remettre au freezer et, au moment d'attaquer le fromage, à le placer au réfrigérateur où il atteindra une parfaite consistance de service. Au moment de servir, justement, vous en garnirez 4 jolies coupes et y répartirez les framboises. Si vous en disposez, vous ajouterez quelques feuilles de menthe pour la couleur. Chacun se servira de coulis. Il restera peut-être du granité (je vous ai donné des proportions qui conviennent à huit personnes). Dans ce cas (improbable), remettez-le donc au freezer avant qu'il soit fondu et vous aurez un dessert d'avance.

Passons à la confection du plat de résistance : c'est de la vraie cuisine, ça prend donc du temps.

2 Gâteau d'agneau aux aubergines

★ Faites d'abord un coulis de tomates crues. Pelez, épépinez (voir p. 69), saupoudrez de sel fin et laissez égoutter une demi-heure dans une passoire. Mixez ensuite en ajoutant du poivre. Goûtez pour vérifier le sel. Ajoutez une petite lampée d'huile d'olive et placez au réfrigérateur.

★ Vous aurez mis à profit la suée des tomates pour laver les aubergines, ôter leur pédoncule, couper la chair en longues tranches d'un demi-centimètre d'épaisseur environ. Dans une grande poêle anti-adhésive, versez 2 c.s. d'huile et faites dorer ces tranches, une à une et des deux côtés. Ajoutez de l'huile entre chaque tournée. Rangez toutes les tranches sur du papier absorbant, salez-les et laissez-les dégorger l'huile qu'elles ont bue avec avidité.

★ Une fois le coulis préparé, vous aurez l'esprit libre pour nettoyer l'agneau des restes de peau et le hacher fin ; pour peler et hacher fin l'oignon ; pour couper le pied terreux des champignons, laver les chapeaux et les hacher fin également (si vous ne possédiez pas encore de hachoir électrique, je sens que vous allez courir chez votre quincailler faire cette emplette indispensable).

★ Versez 2 nouvelles c.s. d'huile dans la poêle, faites-y fondre à feu modéré le hachis d'oignon et de champignons jusqu'à ce qu'il n'y ait plus d'eau de végétation. Ajoutez alors l'agneau et l'ail pelé et pressé. Laissez 1 minute à feu vif en remuant avec constance à la cuillère de bois.

★ Versez alors une petite louchée du coulis de tomates qui attend au frais. Mélangez encore 1 minute sur le feu, puis éteignez. Battez l'œuf à la fourchette dans un bol, ajoutez-le dans la poêle ainsi que la chapelure, les herbes (1 c.s. de chaque, ciselées), sel et poivre. Mélangez à fond, goûtez pour vérifier l'assaisonnement.

★ Prenez un moule à soufflé ou à charlotte de taille moyenne. Tapissez le fond et le pourtour de tranches d'aubergines, en les faisant se chevaucher un peu. Versez le contenu de la poêle, tassez bien mais précautionneusement afin de ne pas déranger les aubergines. Recouvrez le tout avec ce qui reste de tranches. Tapez le moule sur la table de la cuisine pour tasser encore. Couvrez d'une feuille d'aluminium ménager et laissez attendre ainsi, à température ambiante.

★ Ciselez encore 1 c.s. de chaque herbe, que vous ajouterez au coulis de tomates. Versez-le en saucière et priez-le d'attendre au frais.

Il vous restera, dès que vos invités auront en main un verre réconfortant, à allumer le four (150° C) et à y placer une plaque à demi remplie d'eau chaude. Vous y poserez le moule toujours recouvert un quart d'heure avant de passer à table. Vous l'en sortirez 45 minutes plus tard, le laisserez reposer le temps de changer le couvert et le démoulerez.
Servez brûlant, avec le coulis bien froid. Ce sera mémorable, et vous oublierez le travail qui a précédé.

À côté de ces sommets, la préparation de l'entrée est un jeu d'enfant.

1 Tzatziki

★ Pelez les concombres, coupez-les dans leur longueur par le milieu, râclez les graines du cœur à la petite cuillère, râpez la chair au-dessus d'une passoire à la râpe à gros trous (je sens que vous allez être au mieux avec votre quincailler, qui ne vous aura jamais autant vu qu'aujourd'hui en plusieurs années de voisinage, puisque vous allez aussi lui acheter une râpe électrique).

★ Saupoudrez le concombre de sel fin, afin de lui faire dégorger une eau de végétation qui le rend indigeste. Laissez-le ainsi un bon quart d'heure, puis pressez-le du plat de la main et versez-le dans un torchon. Refermez le torchon sur le concombre et tordez-le afin d'extraire l'eau qui y reste encore et d'éliminer le trop de sel.

★ Battez les yaourts dans une jatte pour les aérer, ajoutez le concombre épongé, l'ail pelé et pressé, du poivre largement, une poignée de menthe et autant de persil ciselés. Goûtez : cela pourrait manquer de sel ! Rectifiez si nécessaire. Laissez attendre au frais.

Vous offrirez avec le tzatziki du pain grillé au moment de servir et des olives de Kalamata. C'est exquis et très rafraîchissant.
Le yaourt tenant lieu de fromage, il est inutile d'en offrir dans ce menu. Par contre une salade toute simple assaisonnée à l'huile d'olive, de batavia ou de romaine croquante, sera bienvenue avec le gâteau d'agneau.

★

Pastèque au chèvre
Tendrons aux légumes
Soupe de cerises

★

Vu le nombre d'invitations que vous avez lancées ces derniers temps – c'est simple, votre domicile ne désemplit pas – vous vous trouvez passablement désargenté. Ce n'est pas une raison pour rester confiné dans la solitude. Le menu que je vous propose ici est d'un prix qui fait rire, ce qui ne l'empêche pas de promettre un voluptueux dîner qui rendra vos convives meilleurs et contents.

Votre marché pour 4 personnes :

1 Pastèque au chèvre (préparation : 15 minutes ; pas de cuisson) : ▸ 4 pélardons à point (ce sont de petits chèvres particulièrement savoureux l'été) ▸ 1 pot de yaourt bulgare gras ▸ la moitié d'une pastèque bien mûre, lourde, la chair rouge vif ▸ 1 petit bouquet de menthe ▸ huile d'olive ▸ sel fin, poivre du moulin

2 Tendrons aux légumes (préparation : 40 minutes ; cuisson : 2 heures) : ▸ 1 kg de tendrons de veau en 4 morceaux ▸ 4 carottes ▸ 4 poireaux pas trop gros ▸ 2 têtes de brocolis ▸ 2 courgettes ▸ 1 poivron rouge ▸ 4 grosses tomates mûres et fermes ▸ 1 petit bouquet de basilic (je suggère que vous en cultiviez vous-même tout l'été, en pot ou au jardin : c'est très économique et vous en aurez toujours sous la main) ▸ 3 branches tendres de céleri (votre maraîcher vous en fera cadeau) ▸ 1 oignon ▸ 3 gousses d'ail ▸ 1 bouquet garni : 3 branches de persil, 1 feuille de laurier, 1 de sauge, 1 branchette de thym, 1 de romarin ▸ 1 clou de girofle (normalement vous avez ça à la maison) ▸ huile d'olive ▸ 1 c.s. de gros sel gris de Guérande, sel fin, poivre en grains et du moulin

3 Soupe de cerises (préparation et cuisson : 25 minutes ; macération : plusieurs heures) : ▸ 1 kg de cerises bigarreaux, rouges ou noires ▸ 1 citron non traité ▸ quelques branches de menthe (uniquement pour la beauté, dont aucune déroute financière ne saurait nous priver) ▸ 1 rouleau de cannelle, 1 clou de girofle, quelques râpures de muscade ▸ 1 gousse de vanille Bourbon ▸ 1 bouteille de vin rouge corsé : cahors ou côtes-du-rhône par exemple ▸ 100 g de sucre semoule

Préparation totale du repas : 1 heure 10 minutes

Avec l'entrée et le dessert, de l'eau glacée, bien sûr. Avec le tendron de veau, un chinon servi frais serait bien et on en trouve de fort honnête à un prix presque dérisoire. Vous pouvez ne servir ni fromages ni salade : ce menu est assez consistant et l'entrée tient lieu des deux. Voilà : je ne peux pas mieux faire pour vous venir en aide dans ce moment difficile.

★ ★ ★

Vous ne vous étonnerez pas de commencer par le dessert. Faites-le en rentrant du marché : il aura le temps de macérer jusqu'au soir, comme il se doit.

3 Soupe de cerises

★ Versez le vin dans une casserole, ajoutez le clou de girofle, la cannelle, la muscade, la gousse de vanille fendue en deux dans sa longueur, la peau du citron prélevée à l'économe et le sucre. Menez à ébullition. Cuisez à petits bouillons jusqu'à ce que le vin ait réduit de moitié, ce qui prend un bon quart d'heure.

★ Mettez la réduction du vin à profit pour laver et égoutter les cerises, les équeuter, les dénoyauter avec le petit outil *ad hoc*. Gardez une dizaine de noyaux, ficelez-les dans un carré de gaze (vous avez cet article dans l'armoire à pharmacie).

★ Lorsque le vin a réduit, jetez-y le nouet de gaze et les cerises. Portez à nouveau à ébullition. Donnez quelques bouillons, éteignez le feu et versez le contenu de la casserole dans une jolie soupière. Couvrez. Laissez refroidir à température ambiante. Vous ne mettrez au réfrigérateur qu'en passant à table, le temps du repas.

Il vous restera, au moment de servir, à ôter la vanille, la peau du citron, le nouet de gaze et à parsemer de quelques feuilles de menthe. C'est tel quel un délicieux dessert, mais vous pouvez aussi l'accompagner de madeleines confectionnées le jour même, à un moment perdu (voir p. 174) : cette pâtisserie célèbre est introuvable fraîche, d'un coût dérisoire, et tout le monde l'aime. Vous veillerez à rester modeste.

Notre rendez-vous suivant est à 2 heures de l'arrivée de vos amis. C'est le moment de mettre en train le plat de résistance.

2 Tendrons aux légumes

★ Prenez un grand faitout, versez-y 2 litres d'eau froide, aromatisez avec thym, laurier, romarin, sauge, persil, l'oignon pelé et piqué du clou de girofle, l'ail pelé, quelques grains de poivre et le gros sel. Menez à ébullition. Ajoutez la viande et cuisez 1 heure 30 minutes à petits bouillons.

★ Mettez ce temps à profit pour dresser la table, préparer le matériel nécessaire à l'apéritif, vérifier votre tenue personnelle et préparer les légumes : pelez les carottes, ôtez la plus grande partie du vert des poireaux, lavez soigneusement ainsi que le céleri et le poivron. Coupez le poivron dans la hauteur en lamelles d'1 centimètre de large, tout en le débarrassant des graines et des filaments blanchâtres qu'il contient, et les autres légumes en tronçons.

★ Préparez d'autre part les brocolis en séparant les têtes et en jetant les tiges dures, ainsi que les courgettes en les lavant, en ôtant leurs pédoncules et en coupant la chair en tronçons.

★ Pelez les tomates selon la bonne vieille méthode de la page 69, épépinez et coupez la chair en tout petits dés, que vous réserverez dans une passoire.

Occupez-vous aussi de l'entrée.

1 Pastèque au chèvre

★ Coupez la pastèque en 8 quartiers, ôtez les graines de la pointe d'un couteau d'office, pelez chaque quartier. Débitez la chair en cubes, chacun de la grosseur d'une bouchée, dans 4 jolies coupes. Répartissez équitablement les pélardons en lamelles, couvrez et mettez les coupes au frais.

★ Préparez la sauce. Battez dans un bol le yaourt avec la moitié de son volume d'huile d'olive, du sel fin et du poivre moulu. Ajoutez une vingtaine de feuilles de menthe ciselées et gardez en attente. Préparez aussi 4 petits bouquets de menthe pour la décoration.

Au moment de servir, vous répartirez la sauce sur les coupes de pastèque au pélardon et planterez les petits bouquets verts. Ce sera exquis et ravissant.

Juste avant de passer à table, souvenez-vous du plat de résistance.

2 Tendrons aux légumes

★ Ajoutez dans le faitout le premier groupe des légumes (carottes, céleri, poireaux, poivron) et réglez le minuteur à 20 minutes. Lorsqu'il sonnera, vous ajouterez au contenu du faitout le deuxième groupe de légumes (brocolis, courgettes). Réglez le minuteur à 10 minutes. Ce sera exactement le temps qu'il faudra pour terminer l'entrée, changer le couvert et achever la sauce de votre plat : versez les dés de tomates dans une jatte, salez et poivrez avec largesse, ciselez à peu près 3 c.s. de basilic et ajoutez assez d'huile d'olive pour que cela forme une sauce consistante, en battant à la fourchette.

Il vous reste à égoutter le contenu du faitout (gardez le bouillon avec lequel vous confectionnerez le lendemain un excellent risotto, l'un des plats les plus appréciés et les plus économiques du monde. Voyez *Je ne sais pas cuisiner*, auquel je vous renvoie en toute simplicité), à ranger viande et légumes dans leur plat de service et à présenter le tout fumant, accompagné de la jatte de sauce froide. C'est ce contraste qui est beau et relève, malgré la modestie des ingrédients, de la civilisation la plus raffinée.

★

Petit cadeau pour les végétariens

Salade grecque
Imam Bayeldi et son riz
Gratin de figues

★

Vous avez comme moi des amis végétariens. Je les comprends, au vu des horreurs qu'on apprend sur la viande tous les jours dans les journaux. Beaucoup n'éliminent que l'animal terrestre et mangent volontiers du poisson. Certains ne tolèrent que le végétal. Voici un menu à leur intention. L'entrée comporte un peu de fromage. Si c'est malvenu, remplacez-la par un pinzimonio (voir p. 67).

Votre marché pour 4 personnes :

1 Salade grecque (préparation : 15 minutes ; pas de cuisson) : ▸ 200 g de feta ▸ 4 belles tomates du Midi, mûres et fermes ▸ 1 concombre pas trop gros, lourd, les extrémités fermes ▸ 2 oignons nouveaux ▸ 1 bouquet d'origan frais (ou à la rigueur de l'origan sec, récent), ou encore 1 bouquet de marjolaine (ou sec itou) ▸ 1 poignée d'olives noires de Kalamata ▸ huile d'olive très fruitée ▸ sel fin, poivre du moulin

2 Imam Bayeldi et son riz (préparation : 1 heure ; cuisson : 1 heure) : ▸ 4 belles tomates du Midi, mûres et fermes ▸ 4 aubergines ▸ 4 gros oignons ▸ 4 gousses d'ail jeune ▸ 1 bouquet de persil plat ▸ 1 citron ▸ 50 g de raisins de Corinthe ▸ 50 g de pignons ▸ 200 g de riz à long grain, Basmati ou Surinam ▸ huile d'olive ▸ cannelle en poudre, sel fin, poivre du moulin

3 Gratin de figues (préparation : 5 minutes ; cuisson : 15 minutes) : ▸ 12 belles figues noires, mûres donc défaillantes ▸ 50 g de beurre ▸ 200 g de crème fraîche épaisse, si cela est toléré ▸ 4 c.s. de miel d'acacia ou de lavande ▸ 4 cosses de cardamome blanche

Préparation totale du repas : 1 heure 20 minutes

Je servirais avec ce dîner un retzina frappé (ce vin grec à parfum de résine de pin), mais je proposerais aussi du raki avec de l'eau plate glacée : son goût d'anis se marie merveilleusement aux saveurs orientales et il peut accompagner tout un repas.

★★★

Nous commencerons par le délice de l'imam, recette arménienne pour les uns, turque pour les autres – refusez avec la dernière énergie de prendre parti, il y a trop de subjectivité exacerbée là-dedans –, en tout cas toute marquée des langueurs de l'Orient, donc un peu lente.

2 Iman Bayeldi et son riz

★ Épluchez à l'économe les aubergines dans leur longueur, en laissant une bande de peau sur deux. Faites-les tremper 30 minutes à l'eau légèrement salée, ce qui les débarrasse de leur acidité.

★ Pendant ce temps, épluchez 2 oignons et coupez-les en rondelles d'un centimètre d'épaisseur environ. Lavez les tomates, séchez-les et coupez-les en rondelles identiques (n'allez pas, dans votre souci de perfection, jusqu'à prendre votre double-décimètre). Lavez et égouttez le persil, pelez l'ail, hachez-le fin avec les feuilles du persil.

★ Égouttez les aubergines, épongez-les soigneusement au papier absorbant. Fendez-les en deux dans leur longueur et farcissez-les des rondelles d'oignons et de tomates, du hachis d'ail et de persil. Salez et poivrez avec largesse.

★ Faites chauffer 20 cl d'huile dans une cocotte assez large pour y étendre les aubergines. Laissez mijoter à feu doux au moins 1 heure à couvert, jusqu'à ce que ce soit confit.

Ce plat est aussi savoureux chaud que froid, et ce n'est pas peu dire. Dans les deux cas vous arroserez du jus de la moitié du citron juste avant de servir, ce qui ajoutera encore à la volupté.

Dans le cas du chaud, offrez en accompagnement le riz à l'orientale :

★ Pelez les 2 oignons restants, hachez-les finement, faites-les fondre en casserole dans un peu d'huile d'olive en remuant de temps en temps ; ajoutez le riz lavé (en passoire sous l'eau froide jusqu'à ce que l'eau ne soit plus laiteuse) et bien égoutté, remuez constamment à feu assez vif jusqu'à ce qu'il devienne légèrement translucide ; puis les raisins de Corinthe, les pignons, 1 forte pincée de cannelle, sel, poivre, et deux fois et demi le volume du riz en eau bouillante. Couvrez, laissez cuire à petit feu jusqu'à ce que l'eau soit toute absorbée, ce qui prend à peu près 15 minutes. C'est exquis mais ça ne se réchauffe pas, de sorte que vous serez occupé à la cuisine, même en ayant soigneusement préparé tous vos ingrédients, une bonne dizaine de minutes avant de passer à table, le temps de démarrer la cuisson.

Une demi-heure avant le coup de sonnette de vos amis végétariens, mettez le dessert en train.

3 Gratin de figues

★ Posez les figues juste essuyées dans un plat allant au four, où elles ne seront ni trop serrées, ni trop au large. Répartissez dessus, équitablement, les graines de cardamome que vous extrayez des cosses, le beurre en parcelles et le miel. C'est tout !

Juste avant d'entamer le plat de résistance (ou après l'avoir fini, selon que vous servez des fromages ou pas), préchauffez le four (200 °C). Vous enfournerez pour 15 minutes et servirez chaud, accompagné de crème bien froide. Si vous en avez sous la main, vous pouvez offrir de la glace à la vanille (voir p. 91) qui va très bien aussi.

Préparez la salade pour finir, ce dont est capable un enfant de cinq ans raisonnablement concentré.

1 Salade grecque

★ Lavez et essuyez les tomates. Coupez-les en deux, ôtez les graines et détaillez la chair en gros dés.

★ Épluchez le concombre, ouvrez-le en deux dans sa longueur et coupez-le en dés après avoir éliminé ses graines en les râclant à la petite cuillère.

★ Pelez les oignons, coupez en fines rondelles, essuyez-vous les yeux avec un torchon propre.

★ Coupez la feta en gros dés.

★ Disposez le tout dans un saladier.

Juste avant de servir, salez (pas trop, la feta est un fromage de brebis très salé déjà), poivrez, effeuillez deux ou trois branches d'origan ou de marjolaine, arrosez d'huile d'olive, brassez, décorez avec les rondelles d'oignon et les olives. Dégustez aussitôt.

★

Le plat unique

Soupe au pistou
Poêlée d'abricots

★

Il est des moments qu'on livre à la pure amitié, où on souhaite n'avoir rien d'autre en tête que la présence de ceux qu'on aime et le trésor de leur affection. C'est alors qu'il faut remiser sa montre au placard et faire en sorte de pouvoir manger lorsqu'on en a envie, simplement, savoureusement. Ce menu-ci est exactement indiqué. Il a le mérite supplémentaire de convenir aux végétariens.

Votre marché pour 6 personnes :

2 Soupe au pistou (trempage : 12 heures, la veille du dîner donc ; préparation et cuisson : 2 heures) : ▸ 200 g de haricots cocos blancs secs ▸ 1 grosse pomme de terre bintje ▸ 2 carottes ▸ 2 navets ▸ 2 petites courgettes ▸ 2 branches tendres de céleri ▸ 150 g de haricots verts ▸ 300 g de petits pois ▸ 300 g de fèves ▸ 1 poireau ▸ 1 gros oignon blanc ▸ 4 belles tomates mûres et fermes ▸ 6 gousses d'ail jeune ▸ 1 petit bouquet de basilic ▸ 1 bouquet garni : 4 branches de persil plat, 1 de thym, 1 feuille de laurier ▸ huile d'olive ▸ 2 cubes de bouillon de volaille ▸ gros sel gris de Guérande, sel fin, poivre du moulin

3 Poêlée d'abricots (préparation et cuisson : 15 minutes au dernier moment) : ▸ 18 beaux abricots mûrs à point ▸ 18 amandes fraîches ▸ 50 g de beurre ▸ 6 c.s. de miel de Provence

Préparation totale du repas : 2 heures 15 minutes sans stress

Avec la soupe vous pouvez boire un tavel ou un listel frais, avec le dessert de l'eau glacée, ou un alcool de mirabelle pour ceux qui tiennent le coup.

★ ★ ★

Vous aurez compris que notre plat unique se prépare en deux temps.

2 Soupe au pistou

★ La veille, avant de vous coucher, vous mettrez les cocos à tremper dans une grande quantité d'eau froide.

★ Le jour même, à un moment perdu ou deux heures au moins avant l'arrivée de ceux que vous aimez, préparez cette soupe légendaire qui est aussi délicieuse chaude que tiède ou froide (mais surtout pas glacée !). Le pistou sera confectionné, lui, au moment où vous aurez faim.

★ Égouttez les cocos et versez-les dans une casserole avec 2 litres d'eau froide et le bouquet garni. Menez à ébullition, salez après 5 minutes et laissez cuire environ 1 heure à petits bouillons. Vérifiez de temps en temps l'intensité de la cuisson qui varie toujours un peu et veillez à ce que l'eau ne s'évapore pas entièrement (au besoin rajoutez-en). Lorsque les cocos seront tendres (mais pas en bouillie !), sortez-les du feu et laissez-les attendre à couvert, pour les garder au chaud.

★ Pendant la cuisson des haricots, pelez la pomme de terre, les carottes, les navets, coupez les pédoncules des courgettes, les radicelles et le vert du poireau, lavez le tout ainsi que les branches de céleri. Pelez l'oignon.

★ Coupez en cubes de 1 centimètre de côté environ carottes, navets, courgettes, oignon, pomme de terre (que vous réserverez à part), émincez poireau et céleri.

★ Prenez un grand faitout, versez-y 4 c.s. d'huile et autant d'eau froide. Ajoutez tous les légumes préparés (à l'exception de la pomme de terre) et mettez à feu moyen pour environ 10 minutes, en remuant à la cuillère de bois. Les légumes ne doivent pas prendre couleur, et il ne doit plus rester d'eau dans le faitout. À ce moment-là seulement versez 4 litres d'eau froide et ajoutez les cubes de bouillon. Menez à ébullition, salez après 5 minutes et laissez bouillonner gentiment 20 minutes.

★ Profitez-en pour effiler les haricots verts et les couper en tronçons, puis écosser les petits pois et les fèves. Mettez une casserole d'eau à bouillir, plongez-y les tomates pour 10 secondes afin de les éplucher, retirez-les à l'écumoire et réservez-les. Jetez les fèves dans la même eau bouillante, comptez 1 minute à partir de la reprise de l'ébullition et égouttez-les. Arrosez-les d'eau froide et ôtez la peau dure qui les recouvre : il suffit d'inciser une extrémité au couteau d'office et de pousser la fève hors de son enveloppe. Le coup de main vient très vite.

★ Le moment venu (c'est-à-dire 25 minutes après le début de l'ébullition), ajoutez dans le faitout pomme de terre, petits pois et fèves pour encore 20 minutes. Vous n'aurez plus ensuite qu'à retirer le bouquet garni des cocos, les ajouter avec leur eau de cuisson dans la soupe de légumes, mélanger doucement et donner un bouillon. Goûtez pour vérifier le sel.

★ Il reste le pistou. Pelez les tomates (voir p. 69), retirez-leur pépins et pédoncule, coupez la chair en morceaux. Pelez l'ail, mettez-le dans le mixeur avec une trentaine de belles feuilles de basilic et 2 c.s. d'huile. Mixez. Ajoutez la chair des tomates et 4 c.s. d'huile. Poivrez généreusement. Mixez encore. Si vous mélangez le pistou à la soupe chaude, attention à ne pas faire rebouillir : cela tuerait tous les parfums.

Voilà. C'est un chef-d'œuvre de la cuisine provençale. Vous pouvez vous livrer à toutes sortes de variantes : par exemple remplacer les haricots verts et la pomme de terre par 200 g de pâtes. Mais réservez la soupe au pistou à ceux que vous connaissez bien : il est des êtres pusillanimes qu'effraient ces délicieuses mais fortes saveurs.

Quant au dessert, il se fait en un tournemain et tout le monde vous accompagnera à la cuisine.

3 Poêlée d'abricots

★ Coupez les abricots en deux, dénoyautez et coupez chaque oreillon en deux encore.

★ Cassez les coques des amandes, pelez-en les fruits. Hachez-les grossièrement.

★ Mettez le beurre à chauffer dans une large poêle. Quand il grésille, versez-y les abricots, que vous retournerez délicatement au bout de 2 minutes pour 2 minutes encore. Attention : le beurre ne doit pas brûler, mais les abricots dorer !

★ Sortez les fruits et disposez-les dans les assiettes à dessert. Ajoutez le miel dans la poêle, remontez le feu, laissez mousser quelques secondes et versez équitablement sur les abricots. Parsemez des amandes et dégustez sans attendre.

Je vois ça d'ici : la nuit tombe doucement et avec elle arrivent les odeurs de garrigue et le crissement des cigales, il fait doux et vous êtes tout simplement heureux. Vous me faites rêver, allez !

★

Petits farcis provençaux
Poêlée de cerises

★

Il existe d'innombrables recettes de farcis, les meilleures sont toujours un peu longues à confectionner, mais vous serez gratifié du bonheur de vos convives et, du reste, vous êtes en vacances et vous avez le temps. La façon que je décris ici doit beaucoup à Roger Vergé, Provençal plein d'esprit, honnête homme et grand cuisinier.

Votre marché pour 4 personnes :

2 **Petits farcis provençaux** (préparation et cuisson : une demi-journée environ !) : ▸ 200 g de reste de daube + 4 c.s. de sauce, ou de reste de pot-au-feu + 4 c.s. de bouillon, ou de chair à saucisse ▸ 50 g de jambon blanc (soit 1 belle tranche) ▸ 50 g de lard de poitrine demi-sel, coupé en tout petits lardons ▸ 6 filets d'anchois à l'huile d'olive ▸ 100 g d'olives noires au naturel ▸ 4 tomates moyennes, bien rondes, mûres et fermes (1 petite livre en tout) ▸ 2 aubergines bien fermes, plutôt petites (1 petite livre itou) ▸ 4 pommes de terre fermes à la cuisson, genre roseval (d'un poids d'1 livre) ▸ 7 gros champignons de Paris (300 g environ) ▸ 4 courgettes rondes (encore 1 petite livre) ▸ 3 gros oignons blancs ▸ 4 gousses d'ail jeune ▸ 1 bouquet de persil plat ▸ 3 bonnes pincées de thym ▸ 3 feuilles de sauge ▸ 100 g environ de mie de pain blanc, serrée, un peu rassise (ce qui représente 2 grosses tartines écroûtées) ▸ 1 cube de bouillon de volaille ▸ 50 g de beurre ▸ huile d'olive ▸ 2 c.s. de gros sel gris de Guérande, sel fin, poivre du moulin

3 **Poêlée de cerises** (préparation et cuisson : 15 minutes au dernier moment) : ▸ 250 g de cerises bigarreaux, rouges ou noires, très parfumées ▸ 1 demi-litre de glace à la vanille faite à la maison (voir p. 91) ou achetée chez le meilleur artisan ▸ 25 g de beurre ▸ 25 g de sucre semoule ▸ poivre du moulin

Préparation totale du repas : une demi-journée à la paresseuse

Un vin rouge jeune et frais, tel que beaujolais ou côtes-de-provence, arrosera ce plat de pauvres. Avec le dessert, de l'eau glacée, comme de juste.

★ ★ ★

Vous préparerez les farcis séparément au cours de la journée. Au moment de servir vous les réchaufferez tous ensemble rangés sur une plaque, 10 minutes à four doux préchauffé (120 °C), recouverts d'une feuille d'aluminium ménager. Seules les tomates doivent être cuites au dernier moment et peuvent attendre hors du four, à l'abri d'une feuille d'aluminium, que se réchauffent les autres farcis. Vous servirez le tout bien chaud, joliment disposé sur le plat de service (une faïence de Moustiers sera très bien).

2 Petits farcis provençaux

Commencez par les aubergines, à qui leur farce particulière (une sorte de tapenade) donne figure d'exception.

★ Allumez le four (200 °C). Pendant qu'il chauffe, préparez les aubergines : lavez, essuyez, éliminez le pédoncule et coupez en deux dans le sens de la longueur. Évidez chaque moitié en laissant partout à peu près 1 centimètre de chair : délimitez les bords au couteau d'office et creusez patiemment à la petite cuillère – il ne faut surtout pas percer la peau. Rangez les coques évidées dans un plat à four, salez, arrosez d'1 c.s. d'huile. Posez la chair dans un autre plat. Enfournez les deux plats, le premier pour 15 minutes, le second pour 30 minutes.

★ Profitez-en pour préparer la farce : dénoyautez les olives (vous pouvez le faire au couteau d'office, mais ce n'est vraiment rien avec le petit outil *ad hoc*, dont je ne saurais trop vous recommander l'emplette) et mettez la chair dans le bol du mixeur. Ajoutez les filets d'anchois, 1 gousse d'ail pelée et coupée en morceaux et 1 c.s. d'huile. Mixez sans trop insister, le mélange peut rester un peu grossier.

★ Vous aurez sorti les coques des aubergines après le quart d'heure prescrit. Lorsque la chair est cuite, versez-la dans un saladier, écrasez-la à la fourchette, ajoutez 1 forte pincée de thym et le mélange aux olives. Battez à la fourchette : cela deviendra mousseux. Goûtez, salez encore si nécessaire et poivrez largement.

★ Garnissez les coques de cette farce en tassant à la fourchette. Remettez au four pour 10 minutes. À la sortie du four, laissez à température ambiante. Couvrez si le plat doit attendre un peu, cela lui évitera de se dessécher.

J'en profite pour vous rappeler : (1) que l'aubergine noircit au contact de tout métal autre qu'inoxydable ; (2) qu'il ne faut jamais mixer sa chair : elle deviendrait amère.

Vous pouvez préparer les tomates et les pommes de terre en même temps, parce que vous les gratifierez de la même farce. C'est par elle qu'il faut commencer.

★ Pelez 2 gousses d'ail. Lavez et séchez le persil, hachez assez de feuilles pour en avoir 4 c.s. Pelez les oignons, hachez-en fin pour en avoir aussi 4 c.s. (il vous restera et du persil et des oignons, c'est normal, les autres farcis en auront besoin).

★ Si vous avez de la daube ou du pot-au-feu, hachez menu la viande, versez-la dans un saladier, ajoutez la sauce dans le premier cas, le bouillon dans le second, puis l'oignon, le persil, l'ail pressé, ce qui vous reste de thym. Mélangez bien à la cuillère de bois. Goûtez, salez et poivrez à votre goût.

★ Dans le cas de la chair à saucisse, chauffez 1 c.s. d'huile dans une poêle. Lorsqu'elle est très chaude, ajoutez la viande en remuant à la fourchette et en écrasant les amas qui pourraient se former. Après 3 minutes de cuisson, égouttez la chair dans une passoire avant de lui ajouter tous les aromates décrits plus haut.

★ Allumez le four (200 °C). Lavez et essuyez les tomates, coupez-leur un chapeau de 2 centimètres. Pressez le corps avec précaution pour en sortir les graines et l'eau. Salez l'intérieur et laissez égoutter tête en bas dans une passoire.

★ Pelez, lavez et essuyez les pommes de terre. Creusez-les à l'aide d'une cuillère à pommes parisiennes ou d'une petite cuillère à bord tranchant, en laissant partout 1 centimètre de chair.

★ Faites dissoudre le bouillon de volaille en suivant le mode d'emploi indiqué sur le paquet. Tartinez de la moitié du beurre un plat à gratin qui contienne juste les pommes de terre. Rangez-les, répartissez-y la moitié de la farce préparée, tassez à la fourchette. Posez dessus le reste du beurre en parcelles.

★ Versez le bouillon jusqu'à mi-hauteur des pommes de terre. Enfournez pour 30 minutes, en arrosant 2 ou 3 fois avec le bouillon dont il ne devrait rester qu'une très petite quantité en fin de cuisson. À la sortie du four, laissez refroidir à température ambiante et couvrez si cela devait attendre davantage.

★ Achevez les tomates, maintenant parfaitement égouttées. Rangez-les dans un plat à gratin les contenant juste, répartissez le reste de farce, tassez à la fourchette.

★ Coupez la mie de pain en petits cubes, faites-en dorer les deux tiers à la poêle dans 1 c.s. d'huile, répartissez sur la farce.

★ Couvrez les tomates de leur chapeau. Arrosez de 2 c.s. d'huile.

Toute cette préparation peut être faite d'avance. Par contre vous ne cuirez vos pommes d'or qu'au moment du dîner, ainsi que je vous l'expliquais tout à l'heure, 20 minutes au four préchauffé (200 °C).

Menez ensemble les champignons et les courgettes du cru de la nature au cuit de la culture.

★ Puisez dans ce qui vous reste d'oignons pour en obtenir 3 c.s. finement hachées. Faites de même avec le persil pour 1 c.s. Pelez la dernière gousse d'ail.

★ Occupez-vous des champignons : retirez la partie terreuse des pieds en les taillant en pointe comme vous le feriez d'un crayon, lavez et égouttez.

★ Faites sauter les lardons à feu vif dans une petite poêle antiadhésive, pour 3 ou 4 minutes, en remuant constamment. Égouttez dans une passoire.

★ Chauffez dans la même poêle 1 c.s. d'huile d'olive, mettez-y à dorer le reste des petits cubes de pain, versez dans la passoire où attendent les lardons.

★ Hachez grossièrement les pieds des 4 plus gros champignons.

★ Toujours dans la même poêle, chauffez 1 autre c.s. d'huile, ajoutez 1 c.s. d'oignons, laissez-les blondir à feu modéré, ajoutez le hachis de pieds de champignons, pressez l'ail. Remuez à la cuillère de bois jusqu'à disparition de l'eau de végétation.

★ Retirez du feu, ajoutez lardons et croûtons, le persil haché, sel et poivre. Mélangez à fond, répartissez sur les 4 têtes de champignons juste salées et poivrées. Rangez les têtes garnies dans un petit plat à four, arrosez d' 1 c.s. d'huile et laissez-les attendre les courgettes.

★ Mettez à bouillir 2 litres d'eau avec le gros sel. Lavez et essuyez les courgettes, coupez leur pédoncule au ras et juste en dessous un chapeau de 2 cm d'épaisseur. Plongez les courgettes et les chapeaux dans l'eau bouillante pour 10 minutes.

★ Égouttez, passez sous l'eau froide. Creusez chaque courgette avec une cuillère à café en laissant partout 3 centimètres de chair. Réservez les coques et les chapeaux. Hachez grossièrement tout ce que vous avez évidé et faites égoutter en passoire.

★ Détaillez le jambon en petits dés. Hachez grossièrement ce qui vous reste de champignons. Allumez le four (200 °C).

★ Chauffez en casserole 2 c.s. d'huile, ajoutez le reste d'oignon haché, faites blondir à feu modéré en remuant à la cuillère de bois, puis ajoutez le hachis de champignons, le jambon et la sauge. Laissez chauffer 5 minutes en remuant. Ajoutez la chair hachée des courgettes, salez, faites évaporer l'eau qu'elle contient à feu plus vif, en remuant constamment, sans dessécher cependant le contenu de la casserole. Goûtez, salez encore si nécessaire, poivrez.

★ Rangez les coques des courgettes dans un plat à four les contenant exactement. Salez-les légèrement. Répartissez la farce, tassez à la fourchette. Couvrez des chapeaux. Arrosez de 2 c.s. d'huile.

★ Glissez au four les champignons et les courgettes, les premiers pour 25 minutes, les secondes pour 35 minutes. Surveillez : si ça se mettait à rissoler, n'hésitez pas à ajouter 1 ou 2 c.s. d'eau dans les plats.
Hors du four, traitez exactement comme les autres (à l'exception des tomates, comme vous savez).

Bien sûr, vous n'êtes pas obligé d'offrir ces cinq variétés. Vous n'êtes obligé à rien ! Les tomates et les pommes de terre farcies, par exemple, accompagnées d'une fraîche salade de romaine ou de mesclun, seront un merveilleux régal – dans ce cas, changez simplement les proportions en conséquence. Je tiens à vous dire aussi que le hachage des divers ingrédients peut être effectué au hachoir électrique, ce qui est beaucoup moins fatigant.

Le dessert est un détail, et vous le préparerez au dernier moment.

3 Poêlée de cerises

Vous n'aurez pas oublié de sortir du congélateur la glace démoulée et de la placer au réfrigérateur au début du repas, afin qu'elle prenne la consistance idéale de dégustation.

★ Lavez, égouttez et équeutez les cerises.

★ Faites fondre le beurre dans une petite poêle, jetez-y les cerises lorsqu'il chante, ajoutez le sucre en pluie, quelques tours de moulin à poivre, faites sauter à feu assez vif (attention à ne pas brûler le beurre, cependant) jusqu'à ce que les cerises commencent à croustiller.

★ Répartissez le contenu de la poêle dans les assiettes à dessert, laissez tiédir quelques minutes et servez avec la glace à la vanille.

Je ne vais pas rabâcher le couplet de la nuit provençale, mais ce n'est pas l'envie qui m'en manque ! Vous aurez fait en tout cas un dîner mémorable, pour un prix dérisoire qui plus est.

★

Poulet à la crème
Tarte aux fruits rouges

★

Voilà un menu si tendre, joli et délicat qu'il serait à propos pour le doux Ronsard. Invitez donc des amis de ce caractère-là, ils en seront émus.

Votre marché pour 4 personnes :

2 Poulet à la crème (préparation : 20 minutes ; cuisson : 50 minutes) : ▸ 1 poulet de 1 kg 500 de très bonne qualité. Vous demanderez à votre honnête volailler de le vider, de le parer, de lever les deux cuisses et les deux ailes avec leur blanc. Emportez les abats et aussi la carcasse, inutiles ici mais qui feront un excellent bouillon de volaille, pour cuire des pommes de terre ou un risotto par exemple ▸ 8 carottes nouvelles ▸ 4 navets blancs pas trop gros ▸ 8 petits poireaux ▸ 4 oignons nouveaux ▸ 1 bouquet garni : 3 branches de persil, 1 de thym, 1 de céleri, 1 feuille de laurier ▸ 1 litre de crème fleurette ▸ 5 cl de vermouth blanc ▸ sel fin, poivre du moulin

3 Tarte aux fruits rouges (préparation : 10 minutes la veille ou 4 heures à l'avance, 20 minutes en deux temps le jour même, 2 heures à l'avance ; cuisson : 20 minutes ; garniture : 15 minutes) : ▸ 600 g de fruits rouges (petites fraises parfumées, framboises, groseilles) ▸ 1 citron non traité ▸ 4 c.s. de gelée de groseilles ▸ 50 g de poudre d'amandes ▸ 125 g de beurre doux à température ambiante ▸ 1 œuf ▸ 200 g de farine + 1 poignée ▸ 60 g de sucre semoule ▸ sel fin

Préparation totale du repas : 1 heure 5 minutes

Pour une fois, je boirais un champagne brut d'un bout à l'autre de la soirée, bien frais mais pas glacé (à 7 ou 8°). Ou alors un alsace blanc, muscat ou pinot gris, dans les mêmes conditions.

★ ★ ★

Toute pâtisserie a besoin d'un minimum de prévoyance : commencez donc par le dessert.

3 Tarte aux fruits rouges

★ La pâte à tarte doit reposer au frais dans un film plastique au moins 2 heures, aura besoin d'1 autre heure pour se réchauffer et d'1 encore pour prendre sa figure de dessert achevé. Calculez : cela fait 4 heures (en réalité, l'idéal est de la faire la veille et de ne la reprendre que 2 heures avant l'arrivée des invités).

★ Lavez et séchez le citron, prélevez la moitié de sa peau au zesteur.

★ Mettez dans une terrine le beurre, le sucre, 1 forte pincée de sel, et travaillez vigoureusement à la cuillère de bois ou au batteur électrique à petite vitesse 1 minute à peu près. Ajoutez l'œuf et travaillez encore. Versez le zeste, la poudre d'amandes, la farine à travers un chinois (ce qui est « tamiser »), et mélangez du bout des doigts sans trop travailler. Formez une boule et mettez au frais.

★ Deux heures avant l'arrivée des poètes que vous attendez, sortez la pâte du réfrigérateur, débarrassez-la de son plastique. À l'aide d'un chinois, saupoudrez d'un nuage de farine la plaque à pâtisserie du four, posez la pâte dessus, laissez-la se réchauffer 1 heure à température ambiante.

★ L'heure passée, étalez finement la boule de pâte sur la plaque farinée à l'aide d'un rouleau à pâtisserie ou d'une bouteille, en saupoudrant d'un peu de farine si la pâte collait. Vous obtiendrez un rond de 25 à 30 centimètres de diamètre. Piquez toute la surface à la fourchette et mettez la plaque au réfrigérateur pour 15 minutes. C'est destiné à empêcher votre rond de pâte de se déformer à la cuisson, pas à vous embêter. Préchauffez le four (200 °C).

★ La pâte est prête, le four aussi : mariez-les pour 15 à 20 minutes. Éteignez le four, sortez le fond de tarte et laissez-le refroidir sur une grille à température ambiante.

★ Il vous restera, un quart d'heure avant l'arrivée de vos invités, à préparer la garniture : lavez et égouttez les fraises et les groseilles, équeutez les premières et égrappez les secondes. Otez avec précaution les queues des framboises. Réservez ces fruits séparément.

★ Dans une petite casserole, faites fondre la gelée sans la laisser bouillir. Badigeonnez-en au pinceau le fond de tarte refroidi, que vous aurez disposé sur son plat de service. Rangez les fruits avec soin, côté pédoncule sur la pâte : les framboises au milieu, les groseilles ensuite, les fraises au pourtour. Cela doit dessiner comme une cible. Enduisez les fruits au pinceau du reste de la gelée (au besoin réchauffez-la un peu pour qu'elle soit liquide). Laissez la tarte achevée attendre à température ambiante (pas trop longtemps, elle se détremperait ; c'est pourquoi il faut la finir au plus tôt juste avant le coup de sonnette), jamais au réfrigérateur, malheureux !

Une bonne heure avant l'arrivée de vos invités, soit juste avant d'expédier la tarte au four, attaquez le plat de résistance.

2 Poulet à la crème

★ Épluchez les légumes en leur gardant un petit bout de vert, lavez et épongez bien.

★ Rangez les cuisses du poulet dans une cocotte. Arrosez de la crème et du vermouth. Ajoutez les carottes, les navets et le bouquet garni, salez et poivrez. Menez à ébullition. Cela cuira doucement 30 minutes et vous n'oublierez pas d'écumer de temps à autre à l'aide d'une cuillère à soupe.

★ Cette première étape achevée, ajoutez dans la cocotte les ailes avec leur blanc, les poireaux et les oignons. Lorsque l'ébullition reprend, poursuivez doucement la cuisson 20 minutes. Écumez encore si nécessaire.

Vos chers amis sont là. Lorsqu'ils auront fini de se réconforter à l'aide de la première bouteille de champagne, retournez au poulet qui doit être cuit (s'il lui faut attendre un peu, que ce soit à feu imperceptible, recouvert du plat de service qui chauffera ainsi). Otez le bouquet garni. Disposez la volaille et ses légumes dans le plat, goûtez la sauce et rectifiez éventuellement son assaisonnement, dégraissez-la à la cuillère si nécessaire, versez sur le poulet et servez brûlante toute cette tendresse nacrée.

★

Pot-au-feu en gelée
Clafoutis aux cerises

★

Le dernier menu de la belle saison nourrit aisément douze personnes. Le plat principal (et unique) se confectionne la veille, le dessert juste avant le repas. Ce sont deux grands classiques de la tradition populaire, que nous aimons d'autant plus qu'elle risque de disparaître sous les coups de boutoir de la standardisation industrielle.

Votre marché pour 12 personnes :

2 **Pot-au-feu en gelée** (préparation : 1 heure en deux temps ; cuisson : 4 heures ; dressage : 30 minutes – toutes ces opérations doivent avoir lieu la veille) : ▸ 1 kg de gîte en un morceau ▸ 1 kg de paleron en un morceau ▸ 1 kg de plat-de-côtes en un morceau ▸ 1 livre de queue de bœuf en tronçons ▸ 1 pied de veau coupé en deux dans sa longueur ▸ 9 carottes moyennes ▸ 4 navets blancs moyens ▸ 4 petits poireaux ▸ 4 petites courgettes ▸ 1 livre de haricots verts très fins ▸ 1 kg de petits pois en cosses ▸ 1 branche de céleri avec ses feuilles ▸ 2 gros oignons ▸ 1 bouquet de persil plat ▸ 1 branchette de thym, 1 feuille de laurier, 2 clous de girofle ▸ 1 œuf ▸ gros sel gris de Guérande, sel fin, poivre noir en grains, poivre du moulin

3 **Clafoutis aux cerises** (préparation : 15 minutes ; cuisson : 40 minutes) : ▸ 1 kg de cerises noires, bien mûres et fermes ▸ 8 œufs gardés à température ambiante ▸ 50 cl de lait frais entier ▸ 125 g de beurre à température ambiante ▸ 250 g de sucre semoule ▸ 40 g de sucre glace ▸ 150 g de farine ▸ 4 cl de kirsch ▸ sel fin

Préparation totale du repas : 1 heure 30 minutes la veille, 15 minutes le jour même

Pour accompagner le pot-au-feu en gelée, prévoyez des moutardes, des petits cornichons et des oignons grelot au vinaigre, éventuellement une vinaigrette comme vous l'aimez, de la salade verte à votre goût (comptez entre 50 et 100 g par personne, soit ici 1 kg de verdure brute). C'est bien sûr un vin rouge jeune et frais qui accompagnera ce plat de ménage, un beaujolais ou un gamay de Touraine.

★ ★ ★

Ne vous laissez pas impressionner par le monceau de provisions que vous avez rapporté du marché. Chaque chose se fera en son temps et tranquillement, vous verrez. Commençons donc par les viandes.

2 Pot-au-feu en gelée

★ Prenez un vaste faitout. Emplissez-le à demi d'eau froide. Épluchez une carotte, lavez la branche de céleri, débitez-les en tronçons. Pelez les oignons et piquez-les des clous de girofle. Jetez tout cela dans le faitout avec le thym, le laurier, 4 branches de persil (lavez-le auparavant), une petite poignée de gros sel et une autre, plus modeste, de poivre.

★ Portez à ébullition, puis ajoutez toutes les viandes, pied de veau compris. Cela donnera une chair savoureuse et tendre, car l'action de l'eau bouillante y enferme les sucs (si vous l'aviez mise à l'eau froide, ils se seraient dilués, donnant un bon bouillon mais une viande médiocre. Deux écoles s'affrontent ici : les amateurs de viande et les amateurs de bouillon. On ne peut en condamner aucune, il faut donc trancher, en acceptant une certaine quantité d'arbitraire).

★ À la reprise de l'ébullition, ôtez deux ou trois fois l'écume grise qui se forme, puis baissez le feu au plus doux, couvrez et laissez frémir 4 heures.

Vous avez tout le temps de choisir dans votre bibliothèque un ouvrage de Victor Hugo, Karl Marx ou Aragon, admirateurs du génie populaire capable, entre autres, d'enfanter le plat qui nous occupe ici, et d'en entamer sérieusement la lecture. Ne perdez pourtant pas de vue votre confection, et reprenez-la au bout de 3 heures en vous occupant des légumes, dont vous ferez pour chaque variété un petit tas séparé.

★ Écossez les petits pois ; effilez les haricots verts ; lavez les courgettes, ôtez leurs pédoncules, coupez en tronçons ; pelez et lavez les carottes et les navets ; nettoyez les poireaux et ôtez-leur presque tout le vert.

★ Mettez à bouillir une vaste casserole à demi remplie d'eau salée. Jetez-y dans l'ordre : les navets et les carottes ; 10 minutes après la reprise de l'ébullition les poireaux et les petits pois ; 10 minutes après la reprise de l'ébullition les courgettes et les haricots verts, pour 5 minutes d'ébullition encore (pardonnez-moi ce style fastidieux, je ne vois pas comment faire autrement). Utilisez votre minuteur, vous resterez calme. Nous aurons à la fin des légumes de consistance et de saveur parfaites. Il faut bien sûr égoutter sans attendre et passer sous un vigoureux jet d'eau froide, afin de conserver la vivacité des couleurs.

★ La cuisson des viandes achevée, versez le contenu du faitout à travers une passoire au-dessus d'une grande casserole, afin de conserver le bouillon. Jetez les aromates, laissez les viandes refroidir un peu.

★ Remettez le bouillon à feu vif. Otez à la grande cuillère toute la graisse que le bouillonnement rejette vers les parois de la casserole. Laissez réduire à peu près de moitié.

★ Cassez l'œuf dans un bol, battez-le légèrement à la fourchette, versez dans le bouillon bouillonnant en remuant à la cuillère de bois pour 1 ou 2 minutes : l'œuf va entraîner les dernières impuretés et vous aurez un bouillon « clarifié », que vous passerez au-dessus d'un récipient à travers un chinois. Goûtez, ajoutez du sel si nécessaire, mais la concentration du bouillon devrait rendre cet ajout inutile.

Voilà. Vous avez fini toutes vos préparations et le moment est venu de dresser votre plat.

★ Effeuillez tout le persil préalablement lavé et épongé, ciselez menu.

★ Reprenez les viandes. Jetez le pied de veau. Otez, sans mélanger les viandes, les os, les peaux, le gras qui les défigurent. Coupez les chairs ainsi parées en petits morceaux à peu près égaux, toujours sans mélanger les viandes.
Vous avez donc le persil, le bouillon réduit, les légumes cuits et rafraîchis, les viandes parées. Je vous conseille 2 moules à cake de bonnes dimensions, à revêtement antiadhésif, qui feront de parfaites terrines très faciles à démouler. Vous les « monterez » en même temps.

★ Garnissez le fond d'un nuage de persil. Répartissez dessus les morceaux de queue de bœuf. Coupez les carottes et les tronçons de courgettes en dés à peu près égaux, étalez-les en une couche. Le paleron vient ensuite. Puis les poireaux et les navets, que vous coupez en rondelles pour les premiers, en dés pour les seconds, avant de les étaler. C'est le tour du plat-de-côtes. Puis des haricots verts qu'il faut couper en deux ou trois s'ils sont trop longs, et des petits pois. La dernière couche, vous l'avez deviné, est de gîte. Entre chaque couche, vous répartirez le reste du persil.

★ Tassez les moules en les tapant sur la table de la cuisine. Versez lentement le bouillon dans les deux récipients jusqu'à en recouvrir la couche de gîte. S'il en reste, versez-le dans un bol.

Lorsque les terrines et le bol seront refroidis, vous les placerez au réfrigérateur où vous les retrouverez le lendemain « pris » en gelée, ce qui est l'œuvre du pied de veau. Vous pourrez démouler quand vous voudrez : il vous suffira de plonger quelques secondes le cul des moules dans de l'eau très chaude et de renverser sur les plats de service. Entourez avec la gelée excédentaire coupée en petits cubes, et laissez attendre au frais le moment du service. Vous couperez en tranches, à l'aide d'un grand couteau bien aiguisé. Ce sera délectable, et vous aurez oublié depuis longtemps le travail qui a précédé.

Préparez tranquillement le dessert une demi-heure avant l'arrivée de vos amis. Il sera encore tiède au moment de la dégustation, comme il se doit.

3 Clafoutis aux cerises

★ Lavez, égouttez et équeutez les cerises. Il ne faut surtout pas les dénoyauter : leur jus détremperait la pâte et elles perdraient beaucoup de leur parfum.

★ Allumez le four (180 °C).

★ Beurrez grassement deux plats en terre avec 30 g de beurre.

★ Mélangez au batteur électrique, à vitesse moyenne, les œufs, le sucre, 2 bonnes pincées de sel fin, puis la farine tamisée à travers un chinois, le kirsch, puis le lait et 60 g de beurre fondu.

★ Répartissez les cerises dans les plats. Arrosez-les de la pâte juste sortie des fouets. Parsemez du reste du beurre en parcelles.

★ Cuisez 40 minutes environ. Le clafoutis doit être bien doré et son centre moelleux mais cuit : vérifiez en y plongeant la pointe d'un couteau, qui doit ressortir humide mais sans trace de pâte.

★ Saupoudrez de sucre glace à la sortie du four. Ce gâteau, bien sûr, ne se démoule pas.

Le clafoutis connaît autant de variantes que de cuisiniers. Nous avons ici une version riche, qui complète voluptueusement un plat principal presque austère dans sa légèreté.

★

L'impromptu et le pique-nique

Avant de passer à la saison des frimas, je tiens à vous munir d'un peu de biscuit encore (comme on dit dans la marine), afin de ne vous laisser démuni en aucun cas, qu'il s'agisse d'apéritifs improvisés, de collations impromptues ou de pique-niques, sans quoi l'été ne serait pas tout à fait l'été.

★ ★ ★

On vient vous dire bonjour sans s'annoncer, parce qu'on passait par là. Il faudrait beau voir que vous n'ayez rien à offrir ! Gardez toujours une réserve de vins jeunes et honnêtes (de type provence), rouge, blanc et rosé au frais, du pain (même rassis : il n'en est que meilleur grillé), et surtout, surtout :

une tapenade

Pour 2 pots de 250 g (moins, ça ne vaut pas le coup, vu l'enthousiasme que cela déclenche) :

▸ 500 g d'olives mélangées (vertes, noires, violettes) au naturel. Vous pouvez aussi choisir une seule de ces catégories, ou vous servir d'olives « cassées », qu'on trouve sur les marchés ▸ 100 g de filets d'anchois aux câpres à l'huile d'olive (soit le contenu de 2 petites boîtes) ▸ 2 gousses d'ail jeune ▸ 6 bonnes c.s. d'huile d'olive ▸ poivre du moulin selon le goût

Préparation : 20 minutes

Le seul travail est de dénoyauter les olives, au couteau ou au dénoyauteur *ad hoc* (votre quincailler se fera un plaisir, si vous n'en possédez déjà), de peler et de couper les gousses d'ail en lamelles. Il suffit ensuite de verser tous les ingrédients dans le bol d'un mixeur et de mixer jusqu'à obtenir une pommade un peu grossière. On tasse ensuite dans deux bocaux bien propres et secs, on ferme d'un couvercle et on range au réfrigérateur. En principe, ça se conserve 3 mois. Je ne sais pas, chez moi ça tient 3 jours au plus, quelle que soit la quantité que je prépare. J'ai vu ma belle-sœur par exemple, pourtant l'une des personnes les plus exquisement éduquées que je connaisse, s'en octroyer un bol entier à la petite cuillère en faisant semblant de rien. La tapenade est tout aussi irrésistible sur du pain grillé qu'avec des radis ou des œufs durs, des tomates ou du fromage de chèvre. Essayez aussi, en guise de sauce, avec des petits rougets simplement poêlés : c'est à mourir de plaisir.

Il arrive que vos connaissances débarquent à peu près à l'heure du repas, ou qu'elles ne voient pas le temps passer tant elles apprécient votre compagnie. Bien qu'elles soient lestées de tartines grillées à la tapenade, vous n'allez pas les laisser repartir dans le vaste monde sans les nourrir un peu. Faites-leur par exemple :

une omelette à la paysanne

Pour 4 personnes :

▸ 2 gros oignons blonds ▸ 4 belles pommes de terre (ne soyez pas regardant sur la variété, c'est à la fortune du pot), cuites de la veille dans leur peau ou crues ▸ quelques brins de ciboulette si vous en avez ▸ 8 gros œufs, ou 10 moyens, ou 12 petits ▸ 1 demi-verre de lait ▸ huile d'olive ▸ sel fin, poivre du moulin

Préparation et cuisson : 40 minutes

Sortez les œufs du réfrigérateur. Pelez les oignons, émincez-les en tranches fines. Chauffez 3 c.s. d'huile dans une poêle antiadhésive et versez-y les oignons. Laissez fondre à feu doux, en remuant de temps à autre à la cuillère de bois, jusqu'à ce qu'ils deviennent tendres et nacrés. Pendant ce temps, épluchez les pommes de terre et coupez-les en cubes d'1 centimètre de côté environ (ne soyez pas maniaque). Si elles sont crues, épongez les cubes au papier absorbant.

Sortez les oignons à l'écumoire et réservez-les sur une assiette. Mettez à la place les pommes de terre, augmentez le feu et faites dorer de toutes parts en secouant la poêle de temps en temps. Lorsque les cubes sont dorés, reversez les oignons et le jus qu'ils ont lâché, salez, poivrez et laissez rissoler un peu le tout, le temps de casser les œufs dans un saladier et de les battre modérément au fouet à main ou à la fourchette en ajoutant le lait.

Versez les œufs sur les légumes et cuisez à feu très doux en ramenant de temps à autre les bords vers le centre, de façon à ce que l'omelette cuise uniformément et reste partout moelleuse. Salez, poivrez et ciselez l'éventuelle ciboulette en fin de cuisson.

Servez tel quel, replié sur une jolie faïence, avec une salade verte si vous voulez. C'est aussi très bon tiède ou froid. Ne craignez pas d'offrir un plat aussi rustique à des gens très raffinés : on a souvent d'intenses surprises en matière de goûts, et je n'ai encore rencontré personne qui n'aime pas ça.

★

Dans le même genre improvisé avec des ingrédients qu'on a couramment chez soi, voici un plat que ma maman, qui ne s'intéressait pas vraiment à la cuisine, ne ratait jamais (sans doute parce qu'il est inratable) et dont elle nous gratifiait souvent à la table familiale, à notre grande joie :

les œufs à la tomate

Pour 4 personnes :

▸ 8 œufs ▸ 2 beaux oignons blonds ▸ 4 belles tomates bien mûres et fermes ▸ quelques brins de persil plat ou quelques branchettes de thym frais ▸ huile d'olive ▸ sel fin, poivre du moulin

Préparation et cuisson : 25 minutes

Sortez les œufs du réfrigérateur. Épluchez et émincez les oignons en tranches fines. Mettez à chauffer dans une vaste poêle antiadhésive 3 c.s. d'huile et laissez-y fondre les oignons à feu modéré, en remuant quelquefois à la cuillère de bois.
Lavez et essuyez les tomates, ôtez leur pédoncule, coupez la chair en tranches épaisses, rangez-les dans la poêle lorsque les oignons sont cuits et poussez le feu assez vivement. Retournez les tomates après 5 minutes de cuisson. Salez et poivrez avec largesse, ajoutez les feuilles de persil ciselées ou le thym effeuillé. Lorsque les tomates ont rendu toute leur eau de végétation et qu'elles commencent à rissoler, cassez dessus les œufs en les répartissant régulièrement et posez un couvercle. Après 2 minutes environ (surveillez), lorsque le blanc est pris, salez et poivrez légèrement. Servez avec du pain frais et craquant.

★

Personne ne peut prétendre honnêtement détester les pâtes. Vous savez qu'il en existe d'innombrables variétés et que les sauces qui les accompagnent sont plus nombreuses encore. Vous-même avez certainement acquis une notoriété à travers vos recettes personnelles. Je vous en donne une en passant, simple et peu connue, qui appartient à la tradition de la Sicile, pays de pauvres et de génie culinaire :

les spaghettinis aux brocolis et aux anchois

Pour 4 personnes :

▸ 400 g de spaghettinis de *grano duro* ▸ 500 g de brocolis bien verts et sans tâches (si vous n'en avez pas à la maison, envoyez un enfant de l'entourage en acheter. Apprenez-lui que l'été est la meilleure saison pour ce modeste légume calabrais qu'on trouve quand même très convenable au printemps, dans une autre variété. Ne ratez pas une occasion de donner aux enfants des explications sur ce qu'ils mangent) ▸ 4 gousses d'ail jeune ▸ 100 g d'anchois aux câpres à l'huile d'olive (soit 2 petites boîtes) ▸ huile d'olive ▸ gros sel gris de Guérande, poivre du moulin

Préparation et cuisson : 20 minutes

Mettez à bouillir une grande casserole et une autre de dimension plus modeste, remplies d'eau aux trois quarts. Détachez au couteau de petits bouquets de brocolis. Ajoutez les feuilles vertes de la grosse tige centrale, et gardez celle-ci pour un usage ultérieur (une soupe, par exemple).

Salez l'eau lorsqu'elle bout dans la casserole moyenne. Au retour des gros bouillons versez-y les brocolis, qui seront cuits 4 minutes après la reprise de l'ébullition. Égouttez aussitôt.

Salez l'eau lorsqu'elle bout dans la grande casserole. Au retour des gros bouillons, jetez-y les pâtes, remuez afin qu'elles ne collent pas entre elles ou au fond de la casserole et suivez le mode d'emploi, généralement très fiable lorsqu'il s'agit d'un produit italien de bonne qualité, afin de les obtenir *al dente*.

Pendant ce temps, mettez 2 c.s. d'huile à chauffer à feu modéré dans la première casserole, ajoutez l'ail épluché et émincé fin, ouvrez les boîtes d'anchois et ajoutez-en tout le contenu. Les anchois vont fondre en quelques secondes. Remuez à la cuillère de bois, versez les brocolis et tournez-les dans cette sauce pour les enrober.

Les pâtes sont cuites. Égouttez à fond au-dessus d'un plat creux, jetez l'eau qui aura eu pour dernier mérite de chauffer le plat, versez les

pâtes et la sauce aux brocolis. Poivrez fortement, brassez bien le tout et servez ainsi, sans fromage surtout !
Ce plat de pâtes, froid, fait aussi une excellente salade pour un buffet d'été – dans ce cas, prenez soin de casser en deux les spaghettinis avant de les cuire, ou choisissez des *penne* : la dégustation en sera simplifiée.

★

Il y a toutes sortes de pique-niques : entre la nappe brodée, la porcelaine, l'argenterie, le cristal, le champagne, la tenue de soirée et le *butler* du festival de Glyndebourne, et l'œuf dur, la tomate au sel et le petit pain crissant de sable des plages bretonnes de mon enfance, il n'y a de point commun que le plein air et le bivouac.
Je ne déteste pas, de temps à autre, les collations spartiates d'usage en promenade : charcuteries, fromages et pain de campagne taillés au laguiole ou à l'Opinel, arrosés de l'eau fraîche d'une source et couronnés de quelques fruits. Mais j'ai appris de mon amie Manette une sorte d'art de vivre du sac à dos. Le sien est bourré de ses cigarettes favorites (elle marche, dit-elle, *pour* fumer), de plats cuisinés par ses soins et de grands crus assortis. Elle transporte aussi un plaid aux tons ravissants (alpaga ou soie selon la température), qui nous isole un peu des bêtes qui gâchent les plus beaux paysages, et les médicaments indispensables lorsqu'on se risque dans la nature – j'espère de tout mon cœur que vous ignorez les accidents pénibles dont je suis coutumière, comme s'asseoir à même une fourmilière, heurter un nid de guêpes, plonger en plein banc de méduses urticantes ou choisir pour pique-niquer, au bord d'un ruisseau, un coin élégiaque infesté de taons ou de moustiques. Avec Manette la campagne me trouve presque détendue : j'ai confiance à triple titre puisqu'elle est à la fois médecin, nutritionniste et gourmande.

★ ★ ★

L'une des choses les plus adaptées au pique-nique civilisé, un plat savoureux et consistant inspiré d'une recette traditionnelle de la cuisine provençale, arrosé d'un côtes-de-provence blanc gardé frais dans un thermos, est

le tian de courgettes

Pour 6 personnes :

▸ 1 kg de petites courgettes ▸ 1 bouquet de basilic ▸ 2 gousses d'ail jeune ▸ 150 g de riz rond du Pô, dit *superfino Arborio* (qu'on utilise pour le risotto) ▸ 4 œufs ▸ 50 g de parmesan fraîchement râpé ▸ 25 cl de crème fraîche ▸ huile d'olive ▸ sel fin, poivre du moulin

Préparation et cuisson : 1 heure 15 minutes

Manette prévoit grand parce qu'elle est d'une nature généreuse et pragmatique, que le tian est aussi bon chaud en accompagnement d'une viande ou d'un poisson rôtis ou grillés (par exemple de l'agneau ou du loup) que froid (pour notre pique-nique), et qu'il se garde bien deux jours (hors du réfrigérateur, qui en tuerait les parfums).
Elle lave, étête et coupe les courgettes en rondelles d'1 centimètre d'épaisseur environ. Elle épluche l'ail. Ensuite, dit-elle, ça se fait tout seul.
Elle met à chauffer en cocotte 2 c.s. d'huile, y jette les courgettes, presse l'ail par-dessus, remue le tout à la cuillère de bois et laisse suer 5 minutes sur feu doux à couvert.
Elle pousse ensuite le feu, ajoute le riz, sale, remue encore jusqu'à ce que tout soit bien chaud, remet le couvercle et laisse cuire doucement 30 minutes. Normalement l'eau de végétation des légumes suffit, mais il faut tout de même jeter un coup d'œil et remuer de-ci, de-là, et ajouter un peu d'eau en cours de cuisson si cela menaçait d'attacher.
Lorsque cette cuisson est achevée, elle sort la cocotte du feu et allume le four (250 °C). Elle huile au pinceau un moule à soufflé ou à manqué, bat les œufs en omelette, ajoute la crème, le parmesan, une belle poignée de feuilles de basilic ciselées et du poivre pour finir. Elle mélange le tout au contenu de la cocotte qui a un peu tiédi, puis garnit le moule de cet « appareil » (Manette utilise facilement des termes techniques, c'est normal, vu son métier. Il s'agit ici d'un « ensemble d'éléments qui concourent au même but » – le tian – « en formant un tout », vous pouvez vérifier dans le Petit Robert et dans la liaison de vos ingrédients. Notez l'équivoque du vocabulaire culinaire : qu'un mot – liaison – qui convient pour désigner classiquement une relation amoureuse serve à décrire une chimie de cuisine, voilà qui laisse rêveur).

Elle glisse le moule au four pour 20 minutes environ, jusqu'à ce que le tian soit bien doré, et le laisse reposer quelques minutes avant de démouler : c'est beau, bon, appétissant et elle aura achevé entre-temps la lecture d'un de ces bulletins savants qu'elle déguste comme des friandises.

★

Manette confectionne également un plat dont nous avons tous goûté des versions douteuses, voire catastrophiques, mais qui devient entre ses mains, arrosé d'un vin rouge léger et frais, un chinon par exemple, un délice de fraîcheur et de saveur :

une salade complète au poulet

Pour 4 personnes :

▸ la moitié d'un poulet rôti (il s'agit évidemment d'une volaille de bonne provenance, élevée en plein air et nourrie au grain par des paysans fiers de leur savoir-faire). En général, Manette le cuit la veille et en déguste la première moitié avec des pommes de terre grenaille confites dans le beurre. Cette façon, exquise mais un peu riche en matières grasses, est compensée par la légèreté de la salade qui suit ▸ 100 g de riz long, Camargue ou Madagascar ▸ 1 petite boîte de maïs au naturel ▸ 1 pied de céleri en branches ▸ 1 bulbe de fenouil bien rond et bien blanc ▸ 1 poignée de cresson ▸ 3 tomates mûres et fermes ▸ 1 petit oignon ▸ 1 pot de Fjord ou 2 yaourts type « bulgare » de très bonne qualité ▸ 1 c.s. d'huile d'olive ▸ sel fin, poivre du moulin

Préparation et cuisson : 1 petite heure

Manette commence par laver le riz sous le robinet d'eau froide jusqu'à ce qu'il ne laisse plus de traînée blanche, puis l'égoutte et le met à bouillir à grande eau salée entre 8 et 12 minutes : il faut goûter un grain de temps en temps pour vérifier la cuisson, et égoutter dès que c'est à point.

Lorsqu'elle ne l'a pas entièrement mangée la veille, toute chaude et croustillante, elle ôte la peau du poulet et la jette (de toute façon, ce n'est pas bon froid). Elle coupe la chair en lamelles et la met dans un saladier. Elle égoutte le maïs, lave les tomates, en ôte le pédoncule et les graines, coupe la chair en morceaux pas trop gros – saladier derechef ; elle ne garde que les tiges et les feuilles tendres du cœur du céleri, les lave, les égoutte et les coupe en lamelles – direction : saladier ; elle prélève aux ciseaux les feuilles du cresson, les lave et les éponge soigneusement –

hop ! saladier ; elle pèle l'oignon et le hache menu, coupe le fenouil en deux dans sa hauteur, jette les feuilles extérieures, le talon et les tiges dures, lave le reste et le taille en fines lamelles, sans oublier la petite végétation verte et anisée qui couronne le légume – saladier évidemment.
Il ne reste plus qu'à ajouter le riz, à battre dans un bol le sel, le poivre, l'huile et le Fjord ou le yaourt, à verser cette sauce dans le saladier et à mélanger délicatement le tout à la fourchette.
Il faut goûter pour vérifier l'assaisonnement, bien sûr, et servir fraîche cette perfection diététique (on trouve couramment dans les magasins spécialisés des dispositifs moins encombrants que la classique glacière, que l'on peut mettre dans le sac à dos : Manette me signale le fait au passage et je n'ai aucune raison de ne pas lui faire confiance, elle s'y connaît).

★

Manette est de ces personnes aimables qui travaillent beaucoup mais ne se laissent pas déborder. Même lorsqu'elle consulte jusqu'à la nuit (ça lui arrive très souvent), elle trouve le moyen de préparer un petit dîner adorable, et lorsqu'une de ses patientes diabétiques accouche un samedi après-midi, elle se débrouille quand même pour le pique-nique du lendemain. J'ai un souvenir ému de tous les plats qu'elle m'a offerts. Je ne résiste pas au plaisir de vous donner la recette d'une salade dont elle me gratifia il y a des années déjà, arrosée d'un frais mâcon-villages :

la salade de *linguine* aux poivrons

Pour 4 personnes :

▸ 300 g de *linguine*, petites pâtes en forme de gros grains de riz, de *grano duro* ▸ 4 poivrons rouges ▸ 3 gousses d'ail jeune ▸ 1 petit bouquet de basilic ▸ 100 g de petites olives noires de Nice ▸ 4 c.s. d'huile d'olive ▸ sel fin, poivre de Cayenne, poivre du moulin

Préparation et cuisson : 50 minutes en deux temps

En prenant son thé, Manette range les poivrons au four, juste au-dessous de la salamandre portée à l'incandescence. Lorsque la partie exposée cloque et commence à noircir, elle retourne les légumes d'un

quart de tour. Il faut à peu près 20 minutes pour qu'ils soient grillés uniformément. Elle les enferme ensuite dans un récipient hermétiquement couvert (du genre cocotte), le temps de prendre sa douche matinale, de se maquiller et de s'habiller.
Au bout de ce temps, peler les poivrons est un jeu d'enfant. Elle retire le pédoncule, recueille précieusement dans un grand plat creux l'eau enfermée dans les légumes, les ouvre, ôte toutes les graines et les filaments blancs, et détaille la chair en lanières grosses comme un doigt, qu'elle dépose dans le plat.
Elle saupoudre de sel, de poivre, ajoute un nuage de poivre de Cayenne, parsème de l'ail pelé et pressé, arrose d'huile.
Elle cuit ensuite les pâtes selon le mode d'emploi à grande eau bouillante salée, les égoutte parfaitement et les renverse dans le plat où attendent les poivrons.
Il lui reste à mélanger le tout, à parsemer les olives, à ciseler une vingtaine de feuilles de basilic et à mélanger encore. C'est aussi savoureux chaud que froid, ça se transporte aisément et ça déteste évidemment le réfrigérateur.

★

J'aimerais continuer à partager avec vous ces plaisirs d'été, mais je vois d'ici (de la table de cuisine où j'ai posé mon ordinateur portatif à l'ombre) l'air peiné de Gisou, mon éditrice, devant mes pages supplémentaires à la rentrée dans son bureau. Elle connaît son métier et l'exerce d'une main de fer dans un gant de velours : je n'ai donc aucune chance de l'ébranler. En plus, c'est elle qui aurait raison : je finirais par ressembler à ces gens qui monopolisent la parole ou s'éternisent, au point qu'on a envie de les voir se taire ou s'en aller.

★ ★ ★

Quinze menus pour recevoir à la mauvaise saison

★

Les jours trop courts, l'humidité, le froid tapent sur le système qui a besoin de lumière et de chaleur pour conserver son allant et son optimisme. Si la mauvaise saison est celle des dîners « en ville », c'est certainement pour lutter contre la dépression rampante qui menace tout un chacun. Notez que c'est aussi la période où l'on déploie l'activité professionnelle la plus intense : j'ai toujours soupçonné que cette légère hystérie servait surtout à distraire du spleen hivernal, et que si nos climats avaient été plus cléments nous n'aurions probablement pas éprouvé le besoin de conquérir le reste du monde.
Comme à la belle saison, nous cuisinerons uniquement les produits du moment – l'hiver ne nous laisse pas sans ressources –, et nous suivrons une méthode destinée à rendre la préparation des repas simple et plaisante. Ici encore je n'évoque qu'occasionnellement la salade et les fromages, que je n'inclus pas dans la liste du marché, mais je vous donne des idées de vins pour accompagner chaque menu. J'espère de tout mon cœur que ce qui suit vous aidera, vous et vos amis, à traverser l'hiver gais et contents.

Salade bressane
Oie rôtie à la choucroute
Blanc manger

★

Salade aux gésiers
Blanquette de veau
Nougat glacé

Le plat unique 191

La garbure au confit d'oie
Le dessert de roquefort

★

La potée aux lentilles
Le flan de poires

★

Le goulash et sa purée
La terrine d'agrumes

★

Le chou farci
Le riz aux abricots

★

La poule au pot
Les croustillants de fruits secs

L'impromptu 207

La tomme de brebis et sa confiture
★
Les petits poissons au vinaigre
★
La sauce aux agrumes
★
La sauce carbonara
★
Le saumon fumé aux pommes de terre sautées
★
Le soufflé au fromage
★
La quiche lorraine

Le genre aquatique

142
Velouté de potiron
Coulibiac de saumon
Pamplemousses au miel

147
Flans d'oignons
Morue au fenouil
Tarte aux noix

152
Soupe d'herbes
Brandade de haddock
Pommes au four

156
Velouté de moules
Encornets farcis
Crème au vin

161
Foie gras de canard
Saint-Jacques aux poireaux
Profiteroles au chocolat

Velouté de potiron
Coulibiac de saumon
Pamplemousses au miel

★

Notre premier menu déploie une gamme de jaunes et d'orangés capable de retaper les personnes les plus atteintes par les frimas. Son plat principal, du reste, nous vient de Russie, pays réputé pour savoir lutter contre les rigueurs d'un climat inhumain. Une bonne vodka blanche ou à l'herbe de bison, accompagnée de bouchées de hareng gras pour éviter une ivresse prématurée, me semblerait une excellente entrée en matière pour ce dîner. J'en profite pour vous signaler, bien que vous le sachiez probablement déjà, que la vodka est meilleure si elle est conservée au congélateur : elle ne gèle pas mais y prend une consistance huileuse parfaite pour la dégustation.

Votre marché pour 6 personnes (l'hiver aime les grandes tablées) :

1 **Velouté de potiron** (préparation : 15 minutes ; cuisson : 20 minutes ; finition et réchauffage : 15 minutes) : ▸ 1 kg de potiron ▸ 1 gros oignon ▸ 2 gousses d'ail ▸ 1 petit bouquet de cerfeuil ▸ 1 bouquet garni : 2 branches de persil plat, 1 de thym, 1 feuille de laurier ▸ 25 cl de crème fleurette ▸ 25 cl de lait frais entier ▸ 2 clous de girofle, noix de muscade, gros sel gris de Guérande, sel fin, poivre du moulin

2 **Coulibiac de saumon** (préparation : 1 heure ; dressage : 15 minutes ; cuisson : 45 minutes) : ▸ 800 g de saumon frais en un tronçon ▸ 1 litre de court-bouillon tout préparé, ou assez de court-bouillon déshydraté pour en obtenir cette quantité (lisez le mode d'emploi) ; évitez les cubes et restez vigilant sur la qualité ▸ 700 g de pâte feuilletée crue toute préparée, de la meilleure qualité (vérifiez sur l'emballage la quantité de beurre et préférez une petite fabrication artisanale aux grandes marques industrielles. Vous avez aussi la ressource de la commander à votre pâtissier. Si vous êtes expert, faites-la vous-même, rien ne sera aussi savoureux ! Mais cela demande une technique que je n'exposerai pas ici, parce qu'elle risquerait de décourager le néophyte) ▸ 1 livre d'épinards ▸ 1 citron ▸ 1 petit bouquet d'aneth ▸ 150 g de riz à longs grains, Camargue ou Madagascar ▸ 6 œufs ▸ 1 c.s. de lait ▸ 300 g de crème épaisse + 2 c.s. ▸ 2 c.s. de farine ▸ 1 c.s. d'huile d'arachide ▸ sel fin, poivre du moulin

3 Pamplemousses au miel (préparation : 15 minutes ; pas de cuisson) :
▸ 6 pamplemousses roses ▸ 1 petit bouquet de menthe ▸ 150 g de miel d'acacia, lavande, toutes fleurs, ou encore grec ou corse selon votre goût

Préparation totale du repas : 2 heures

Le velouté se sert sans boisson, bien sûr. Je suggère un meursault pour le coulibiac. Avec le dessert de l'eau, ou un champagne bien vineux.

★ ★ ★

Menez vos préparations en deux temps, le premier à un moment de la journée où vous disposez d'une heure et demie, le second, table dressée et ordonnance générale vérifiée, trois quarts d'heure avant l'arrivée de vos invités.
Mettez le potage en train.

1 Velouté de potiron

★ Coupez le potiron en tranches comme vous le feriez d'un melon : l'épluchage de son écorce dure en sera facilité. N'oubliez pas d'éliminer la partie blanchâtre de la chair proche de l'écorce, comme les graines et les filaments cotonneux du cœur. Coupez en morceaux moyens la chair ainsi parée.

★ Faites bouillir dans un faitout un litre et demi d'eau additionnée d'une petite poignée de gros sel, du bouquet garni, de l'ail et de l'oignon épluchés, ce dernier piqué des clous de girofle. Ajoutez le potiron lorsque vous avez de gros bouillons, et comptez 20 minutes de cuisson à partir de la reprise de l'ébullition.

★ Lorsque votre minuteur vous signalera la fin de la cuisson du potiron, contentez-vous de verser le contenu du faitout dans une vaste passoire et de laisser égoutter et tiédir. Ne négligez pas de conserver 25 cl du bouillon de cuisson.

Occupez-vous du poisson.

2 Coulibiac de saumon

★ Versez le court-bouillon dans une casserole à la dimension de votre morceau de saumon (ou diluez le court-bouillon déshydraté dans la quantité convenable d'eau froide). Plongez le poisson, amenez à feu modéré jusqu'au frémissement et faites frémir 15 minutes. Ne laissez surtout pas bouillir : la chair deviendrait dure et sèche.

★ Profitez-en pour mettre 4 œufs dans une petite casserole et les recouvrir d'eau froide. Amenez à ébullition, laissez cuire 10 minutes puis rafraîchissez sous l'eau froide. Vous avez reconnu au passage la technique des œufs durs.

★ Profitez-en aussi pour laver le riz dans un chinois sous le robinet d'eau froide, jusqu'à ce que l'eau n'ait plus trace d'amidon. Égouttez-le. Sortez le poisson à l'écumoire lorsqu'il est cuit, laissez-le égoutter et tiédir. Passez le court-bouillon, remettez-le au feu et versez-y le riz à ébullition. Laissez cuire 8 à 12 minutes (goûtez un grain de temps en temps). Égouttez lorsqu'il est à point.

★ Occupez-vous des épinards. Épluchez-les, c'est-à-dire ôtez leur queue en la tirant vers la feuille, et lavez soigneusement : l'épinard adore se vautrer dans la boue. Égouttez, mettez les feuilles saupoudrées de sel fin dans une grande casserole sur feu vif. Remuez de temps en temps à la cuillère de bois. En quelques minutes le tas de feuilles aura fondu et il n'en restera qu'une grosse poignée de verdure fanée nageant dans une eau assez peu ragoûtante. Versez dans un chinois, rincez sous le robinet d'eau froide, égouttez à fond en pressant de la paume de la main. Posez sur une planche, hachez fin à l'aide d'un grand couteau.

★ Le saumon a tiédi, vous pouvez le reprendre. Otez la peau, séparez le poisson en deux filets, ôtez l'arête centrale et les quelques arêtes ventrales. Effeuillez la chair dans un grand récipient, ajoutez le riz égoutté et les épinards hachés. Mélangez dans un bol les 2 c.s. de crème épaisse, le jus du citron, 1 œuf battu à la fourchette, du sel et du poivre, versez dans le récipient. Incorporez avec délicatesse. Couvrez hermétiquement et laissez attendre au frais.

Vous allez pouvoir achever le potage sans vous brûler.

1 Velouté de potiron

★ Débarrassez la chair du potiron de ce qui l'encombre (oignon, ail, bouquet). Mettez-la dans le bol du mixeur avec son bouillon de cuisson réservé, ajoutez la crème fleurette, le lait, du poivre à votre goût et quelques fortes râpures de muscade. Vous pouvez procéder en plusieurs fois, l'ultime mélange se faisant dans la casserole inoxydable où le velouté attendra d'être réchauffé. Goûtez et rectifiez l'assaisonnement.

Pendant l'apéritif, 10 minutes avant de passer à table, vous mettrez à feu très doux en remuant de temps en temps, et servirez brûlant en soupière saupoudré de pluches de cerfeuil dont le vert fera un ravissant contrepoint à l'orangé du velouté.

Vous avez encore le dessert à confectionner pour achever cette première phase. C'est un jeu d'enfant.

3 Pamplemousses au miel

★ Vous n'avez pratiquement qu'à éplucher les pamplemousses à vif et à en détacher les tranches au-dessus d'une jolie jatte de service (voir la technique p. 78). L'unique fioriture consiste à liquéfier le miel en le mettant à tiédir à feu doux dans une petite casserole (cette opération est inutile si le miel est liquide), puis à le verser sur les fruits. Mélangez délicatement, couvrez et mettez à macérer au frais. Au moment de servir, un semis de feuilles de menthe ciselées réveillera le rose doré de ce rafraîchissant dessert.

Vous avez compris que le deuxième temps n'est autre que l'achèvement du plat de résistance.

2 Coulibiac de saumon

★ Huilez la plaque du four au pinceau. Épluchez les œufs durs. Cassez le dernier œuf cru, versez le blanc dans un bol, le jaune dans un autre avec la cuillerée de lait. « Cassez » le blanc à la fourchette et battez le jaune dans le lait.

★ Saupoudrez d' 1 c.s. de farine votre plan de travail à travers un chinois. Posez dessus un peu moins de la moitié de la pâte et étendez-la au rouleau à pâtisserie ou à la bouteille de façon à obtenir un rectangle de 30 centimètres sur 20 environ. Posez ce rectangle sur la plaque du four. Sortez la farce du réfrigérateur, disposez-en la moitié sur cette surface en laissant 2 centimètres de pâte nue de tous les côtés, rangez les œufs durs sur une ligne médiane en les enfonçant légèrement. Recouvrez du reste de farce.

★ Farinez à nouveau votre plan de travail. Étalez le reste de la pâte en formant un rectangle un peu plus grand (34 centimètres sur 24 environ). Badigeonnez de blanc d'œuf, au pinceau, les bords nus du premier rectangle. Disposez le second rectangle, pincez les bords des deux pièces de pâte pour les souder. Incisez pour finir, verticalement, tout le pourtour au couteau – cette opération, qui a pour but de faciliter la montée du feuilletage à la cuisson, porte le nom délicieux de « chiqueter », je ne résiste pas au plaisir d'en partager la saveur avec vous, croyez bien que c'est sans pédanterie !

Votre coulibiac est prêt. Il vous restera, au coup de sonnette de vos amis, à préchauffer le four (200 °C). Quinze minutes avant de passer à

table, en même temps que vous mettrez le velouté à réchauffer, vous badigeonnerez au pinceau la surface de votre chef-d'œuvre du mélange de jaune d'œuf et de lait et le déposerez au four. Il y restera 45 minutes, puis vous le glisserez avec précaution sur un beau plat de service, que vous ornerez de branches d'aneth.
Juste avant de sortir le coulibiac du four, vous mettrez à chauffer la crème épaisse, sans la laisser bouillir surtout. Salez, poivrez. Vous ajouterez hors du feu 2 bonnes c.s. d'aneth ciselé et servirez en saucière.

Vous découperez en tranches, comme un gâteau, ce merveilleux pâté de poisson qui révèle dans l'assiette une symphonie de couleurs : doré de la pâte, rose et vert véronèse de la farce, blanc et jaune de l'œuf, avec pour finir l'ivoire de la crème et les brins vert vif qui la parfument. Ajoutez à cela l'effet de la vodka, et la nuit peut être d'un froid de loup et d'une obscurité d'encre, tout le monde s'en souciera comme d'une guigne.

★

Flans d'oignons
Morue au fenouil
Tarte aux noix

★

À l'inverse du menu qui précède, celui-ci se cantonne dans une gamme de blancs-beiges-bruns, celle qu'avait choisie Visconti pour *Mort à Venise* jusqu'à ce que von Aschenbach, contemplant le jeune Tadzio sur la plage du Lido, porte à sa bouche en très gros plan une fraise dont le rouge envahit tout l'écran. La passion surgit où on ne l'attend pas, et vous serez surpris par la puissance des saveurs dissimulées sous la discrète apparence des plats que je vous propose.

Votre marché pour 4 personnes :

1 Flans d'oignons (première préparation : 30 minutes ; première cuisson : 1 heure ; deuxième préparation : 10 minutes ; deuxième cuisson : 1 heure) : ▸ 1 kg d'oignons doux ▸ 50 cl de lait frais entier ▸ 6 œufs ▸ 70 g de beurre ▸ 2 c.s. d'huile d'arachide ▸ noix de muscade, sel fin, poivre du moulin

2 Morue au fenouil (trempage : 24 heures – à commencer donc la veille de votre dîner ; préparation : 30 minutes en deux temps ; cuisson : 1 heure) : ▸ 1 belle morue verte coupée en morceaux par votre honnête commerçant, à qui vous préciserez qu'il vous faut obtenir 800 g de chair pochée et parée (c'est-à-dire débarrassée de ses déchets) ▸ 4 bulbes de fenouil pas trop gros, blancs et ronds ▸ 1 carotte moyenne ▸ 1 oignon jaune ▸ 1 gousse d'ail ▸ 1 petit bouquet de thym frais ▸ 1 bouquet garni : 2 branches de persil, 1 de thym, 1 feuille de laurier ▸ 120 g de beurre ▸ 50 cl de crème épaisse ▸ 1 cube de bouillon de volaille ▸ sel fin, poivre du moulin

3 Tarte aux noix (préparation : 10 minutes la veille, 20 minutes en deux temps le jour même, 2 heures à l'avance ; cuisson : 20 minutes ; garniture : 15 minutes) : ▸ 200 g de cerneaux de noix Franquette (les meilleures à mon goût) ▸ 6 c.s. de miel solide, lavande, garrigue ou toutes fleurs ▸ 60 g de beurre ▸ 3 c.s. de crème épaisse ▸ 1 œuf ▸ 100 g de farine + 2 c.s. ▸ 30 g de sucre semoule + 6 morceaux ▸ sel fin

Préparation totale du repas : 1 heure 45 minutes, et 10 minutes la veille

Ce menu vous sera reconnaissant d'un vin blanc doté d'un solide caractère, qu'il s'agisse d'un pinot, d'un graves ou d'un châteauneuf-du-pape. Ne soyez pas effrayé par les quantités de matière grasse : le système en a besoin en hiver et vous aurez, vous et vos invités, toute l'énergie requise le lendemain pour vos longueurs de brasse-papillon à la piscine.

★★★

Nous procéderons en trois temps : la veille au retour du marché, le jour même lorsque vous aurez une heure et demie devant vous, et une petite heure avant l'arrivée de vos invités.
La veille, donc, prenez en main la gent aquatique, pour l'heure aussi rigide qu'un bout de bois.

2 Morue au fenouil

★ Mettez les morceaux à dessaler comme je vous l'explique page 74.

La veille aussi, faites la pâte sablée du dessert qui, comme toutes les pâtes, est meilleure de reposer jusqu'au lendemain.

3 Tarte aux noix

★ Tamisez 100 g de farine en la passant à travers un chinois au-dessus d'un saladier avec une bonne pincée de sel fin. Posez au centre le beurre en parcelles et le sucre semoule, travaillez-les du bout des doigts en incorporant rapidement la farine jusqu'à ce que le tout forme un « sable » grossier. Ajoutez la moitié de l'œuf battu à la fourchette dans un bol (jetez l'autre moitié) et mélangez, toujours à la main, en travaillant la pâte aussi peu que possible. Dès que vous pouvez former une boule, enfermez-la dans une feuille de plastique alimentaire (pas d'aluminium, la pâte noircirait) et placez-la dans le bas du réfrigérateur.

Le jour de votre dîner, peu importe à quel moment de la journée, passez au deuxième temps.
Reprenez le poisson pour vous avancer.

2 Morue au fenouil

★ Faites pocher les morceaux dessalés et laissez-les refroidir (toujours page 74).

★ Préparez les fenouils : jetez les feuilles extérieures presque toujours filandreuses et abîmées, coupez les tiges supérieures au ras du bulbe (mais gardez le toupet de verdure que vous utiliserez cru), tranchez le talon. « Blanchissez » les bulbes ainsi préparés en les mettant à bouillir 5 minutes dans une casserole pleine d'eau salée. Égouttez-les ensuite et laissez-les en attente.

Occupez-vous de l'entrée, que vous aviez presque oubliée.

1 Flans d'oignons

★ Épluchez et émincez finement les oignons (si vos yeux sont trop sensibles, mettez des lunettes de natation ou un masque de plongée : je pratique moi-même cette technique avec d'excellents résultats. Dans le cas où le facteur ou un voisin sonneraient à la porte, restez parfaitement naturel, ce qui dissipera leur embarras). Mettez 50 g de beurre et l'huile à chauffer dans une vaste sauteuse, à feu modéré, et versez-y les oignons. Mélangez et laissez fondre à feu très doux pendant 1 heure, en remuant de temps en temps et en veillant à ce que cela ne colore pas. Laissez ensuite refroidir.

Achevez le dessert, vous n'y penserez plus.

3 Tarte aux noix

★ Tamisez 1 c.s. de farine sur la plaque à pâtisserie du four. Sortez la pâte sablée du réfrigérateur et posez-la au centre de la plaque pour 1 petite heure, afin qu'elle se réchauffe et s'assouplisse.

★ Étalez la pâte, piquez-la à la fourchette, remettez-la au frais pour 15 minutes, préchauffez le four et cuisez le fond de tarte exactement comme je vous l'explique page 121. Entre-temps concassez grossièrement les cerneaux de noix. Sortez le fond de tarte du four et posez-le sur une grille.

★ Occupez-vous de la garniture : dans une petite casserole, versez 2 c.s. d'eau sur les morceaux de sucre. Mettez sur feu moyen jusqu'à obtenir un caramel brun (mais pas noir : attention à ne pas laisser brûler !). Versez les noix concassées et tournez-les dans le caramel à l'aide d'une cuillère de bois. Hors du feu ajoutez le miel et la crème, travaillez cette masse, toujours à la cuillère de bois, jusqu'à ce qu'elle tiédisse, ce qui prend quelques minutes. Versez ensuite sur le fond de tarte, en répartissant à l'aide d'une spatule de pâtissier ou, à défaut, du dos d'une cuillère à soupe. Laissez en attente à température ambiante. Il ne vous restera, au moment de servir, qu'à transférer la tarte sur son plat de service, que vous choisirez ravissant.

Nous voici déjà au troisième temps, où il s'agit de montrer la décision et la précision qui font les dîners réussis, au point de vue culinaire en tout cas.
Menez à son terme l'entrée, encore à l'état quasi virtuel.

1 Flans d'oignons

★ Placez au milieu du four préchauffé à 120 °C une plaque à demi-remplie d'eau chaude. Beurrez avec le reste de beurre un moule à manqué moyen ou quatre moules individuels, pourvus dans les deux cas d'un revêtement antiadhésif. Battez les œufs en omelette dans un grand récipient, ajoutez le lait, du sel, du poivre et quelques râpures de muscade. Mélangez, ajoutez les oignons, mélangez encore et versez dans le ou les moules, que vous déposerez dans la plaque du four 1 heure (si vous utilisez des moules individuels) à 1 heure 30 minutes (si c'est un moule unique) avant de passer à table. Vérifiez la cuisson en plongeant au milieu la lame d'un couteau, qui doit ressortir humide mais propre.
Il ne vous restera plus qu'à démouler, dans le cas des moules individuels sur quatre jolies assiettes, dans celui du moule unique sur le plat de service, pour déguster aussitôt.

Reprenez la confection du plat de résistance.

2 Morue au fenouil

★ Parez et effeuillez la morue (voir p. *74*). La chair attendra, à couvert pour ne pas se dessécher, jusqu'à la finition du plat que vous mènerez au moment de servir.

★ Un quart d'heure avant l'arrivée de vos invités, remettez les fenouils en train : pelez l'oignon et la carotte, coupez-les en tout petits dés. Faites chauffer 20 g de beurre dans une cocotte, mettez-y cette garniture à fondre à feu doux, en remuant de temps en temps. Préparez le bouillon de volaille dans une petite casserole, selon le mode d'emploi. Lorsque l'oignon est nacré, posez les fenouils dans la cocotte, versez le bouillon à mi-hauteur, ajoutez le bouquet garni, la gousse d'ail en chemise (c'est-à-dire non épluchée), couvrez et laissez confire à feu imperceptible jusqu'au service, en retournant les bulbes une fois à la mi-temps.

Ils sont là, ceux à qui vous dédiez tous vos soins. Tout est prêt ou en passe de l'être. Seule la morue a encore besoin de vous. Elle vous prendra 6 minutes chrono au dernier moment, la dégustation du flan d'oignons achevée.

★ Faites fondre à feu modéré le beurre restant dans une sauteuse et tournez-y la chair de la morue jusqu'à ce qu'elle en soit bien enrobée. Effeuillez 4 branches de thym au-dessus de la sauteuse, ajoutez la crème, menez à ébullition, remuez une minute. Goûtez, salez si nécessaire, poivrez, couvrez et laissez mijoter 3 minutes. C'est tout. Servez entouré des fenouils braisés que vous parsèmerez de leur verdure ciselée, ce qui ajoutera une pointe d'anis à ce plat voluptueux.

La morue ainsi préparée est tout aussi exquise avec une purée de céleri (vous en trouverez la confection détaillée dans *Je ne sais pas cuisiner*) ou de pommes de terre (voir p. 199).

★

Soupe d'herbes
Brandade de haddock
Pommes au four

★

Le présent menu est si facile à préparer qu'une fois les achats effectués sa confection ne vous prendra qu'une heure. Pensez-y un jour où vous êtes un peu à court de temps, ou fatigué – il vous permettra de vous reposer –, ou énervé – il ne sera pas un souci supplémentaire –, toutes choses qui arrivent couramment l'hiver. Il est en outre une mine de vitamines et de sels minéraux qui parviendront à vous requinquer, aussi déplorable que soit votre état initial.

Votre marché pour 4 personnes :

1 Soupe d'herbes (préparation : 20 minutes ; cuisson : 20 minutes) : ▸ 250 g d'épinards ▸ 2 pommes de terre bintje moyennes ▸ 2 belles échalotes ▸ 1 bouquet de persil plat ▸ la moitié d'un bouquet de ciboulette ▸ 1 petit bouquet de cerfeuil ▸ 1 belle branche d'estragon ▸ 25 g de beurre ▸ 1 c.s. généreuse de crème épaisse ▸ gros sel gris de Guérande, sel fin, poivre du moulin

2 Brandade de haddock (préparation : 20 minutes en deux temps ; cuisson : 35 minutes en deux temps) : ▸ 600 g de haddock véritable, bien épais ▸ 12 belles pommes de terre roseval ▸ 1 gousse d'ail ▸ la moitié d'un bouquet de ciboulette ▸ 1 citron ▸ 40 cl de crème fleurette ▸ 25 cl de lait frais entier ▸ 1 œuf ▸ 1 feuille de laurier ▸ noix de muscade, gros sel gris de Guérande, sel fin, poivre du moulin

3 Pommes au four (préparation : 20 minutes en deux temps ; trempage : 20 minutes ; cuisson : 35 minutes) : ▸ 4 belles pommes boskoop ▸ 1 citron non traité ▸ 4 c.c. de raisins de Smyrne et 4 c.c. de raisins de Corinthe ▸ 16 cerneaux de noix Franquette ▸ 1 gousse de vanille Bourbon ▸ 100 g de beurre ▸ 4 c.c. de miel très parfumé, seigle, romarin ou thym par exemple ▸ 2 c.s. de sucre semoule ▸ 2 clous de girofle, 4 grains de poivre noir, 4 petits bâtons de cannelle

Préparation totale du repas : 1 heure

Le potage se suffit à lui-même. Pour le plat et le dessert, un vin blanc du Languedoc servi frais, bon enfant mais charpenté, sera très bien et aura le mérite supplémentaire de ne pas vous ruiner.

★ ★ ★

Suivez à la lettre la méthode que je vous propose et vous ne pourrez pas rater ce dîner, même en dormant à moitié. Débarrassez-vous du moindre souci annexe en dressant la table et en préparant tout le confort nécessaire avant d'attaquer, une heure comme convenu avant l'arrivée de vos invités. Faites les premiers gestes du dessert.

3 Pommes au four

★ Lavez le citron, essuyez-le, prélevez sa peau à l'économe, pressez son jus dans un bol et mettez-y à tremper les raisins secs pour 20 minutes environ.

Mettez le plat en train.

2 Brandade de haddock

★ Posez le haddock dans une casserole inoxydable et recouvrez-le du lait et d'autant d'eau froide. Ajoutez le laurier. Allumez un feu modéré. Lorsque le liquide frémit, baissez le feu au plus doux et laissez ainsi 5 minutes (sans bouillir surtout), puis éteignez et laissez tiédir à couvert.

Commencez le potage.

1 Soupe d'herbes

★ Épluchez les épinards en tirant la queue vers la feuille, lavez abondamment. Lavez aussi le persil. Égouttez. Pelez les échalotes, coupez-les en morceaux grossiers. Pelez et lavez les bintje, coupez-les en quatre.

★ Dans une casserole faites fondre le beurre, ajoutez les échalotes, les épinards et le persil entier. Faites revenir 3 minutes à feu modéré en tournant constamment à la cuillère de bois. Ajoutez les bintje, 1 litre d'eau froide, un peu de gros sel, poussez le feu et menez à l'ébullition. Laissez cuire 20 minutes à petits bouillons, puis mixez et mettez de côté : vous réchaufferez et ferez les ultimes finitions au moment de servir.

Le trempage des raisins achevé, vous pouvez avancer le dessert.

3 Pommes au four

★ Lavez et essuyez les pommes, découpez-leur un chapeau de 2 centimètres d'épaisseur, évidez les fruits à la petite cuillère, avec précaution pour ne pas les percer, de façon à enlever largement le cœur plein de pépins.

★ Répartissez dans chaque cavité un quart des raisins secs et du jus de citron qui n'aurait pas été absorbé, 4 cerneaux de noix, un carré de zeste, un quart de la gousse de vanille ouverte en deux dans sa longueur pour en libérer les grains, 1 bâtonnet de cannelle, 1 c.c. de miel, 1 noisette de beurre. Posez les chapeaux, en les entaillant si nécessaire pour laisser passer les extrémités de la vanille et de la cannelle.

★ Rangez les pommes dans un plat à gratin à leur dimension, versez 4 c.s. d'eau dans le plat, ajoutez le zeste restant, les grains de poivre et les clous de girofle, répartissez sur chaque pomme le reste du beurre en parcelles, saupoudrez de sucre. Voilà, cela peut attendre le moment de la cuisson.

Juste avant de passer à table, vous allumerez le four (180 °C). Le potage débarrassé, vous glisserez les pommes au four, où elles resteront 35 minutes (utilisez votre minuteur qui vous alertera le moment venu, vous vous contenterez alors d'éteindre le four où les pommes attendront benoîtement).

Vos invités ne vont plus tarder maintenant.

2 Brandade de haddock

★ Reprenez le haddock tiédi, égouttez-le, retirez les arêtes et la peau, fragmentez la chair en petits morceaux. Laissez en attente à couvert afin que le poisson ne se racornisse pas.

★ Épluchez l'ail et mettez-le dans le presse-ail. Dans un bol, délayez le jaune d'œuf avec 1 c.s. de crème fleurette, râpez au-dessus une belle pincée de muscade, moulinez quelques bons tours de poivre. Ciselez la ciboulette. Gardez tout cela en attente.

★ Lavez les roseval et posez-les dans une casserole avec un peu de gros sel, recouvrez largement d'eau froide. Quelques minutes avant de passer à table, vous allumerez dessous un bon feu.

Vos invités sont là, aussi flapis que vous. N'hésitez pas à les gratifier de champagne, dont on sait l'effet bénéfique sur le moral. Pour ceux qui n'aimeraient pas l'alcool, un grand verre de jus d'orange ou de pamplemousse, pressé à la minute, fera le même effet grâce à la vitamine C.

À la fin des apéritifs vous réchaufferez le potage à feu doux, sans laisser bouillir et en remuant de temps en temps.

1 Soupe d'herbes

★ Ciselez la ciboulette et les feuilles de cerfeuil et d'estragon, ajoutez-les hors du feu avec la crème épaisse. Mélangez à fond, versez dans votre plus jolie soupière et servez sans attendre.

Le potage dégusté, vous achèverez la brandade.

2 Brandade de haddock

Dans une épaisse casserole inoxydable, mettez la fleurette à chauffer à feu moyen, ajoutez l'ail pressé et la chair du haddock. Tournez vivement à la cuillère de bois pendant 5 à 7 minutes. Le haddock va se fondre à la crème sous l'action de la chaleur. Éteignez. Prenez 1 c.s. de cette brandade et mélangez-la vivement au jaune d'œuf qui attend dans le bol. Reversez le mélange dans la casserole, travaillez encore vigoureusement 1 minute, en ajoutant la ciboulette pour finir. Servez cette suavité parfumée dans un plat creux, avec les pommes de terre égouttées et le citron en quartiers.

Quant aux pommes en l'air couchées dans un jus épais et parfumé, toutes gonflées et dorées de votre traitement, elles achèveront de vous réconcilier avec la vie, l'hiver et vous-mêmes.

★

Velouté de moules
Encornets farcis
Crème au vin

★

Ce qui vient de la mer évoque irrésistiblement les baignades, le soleil, les longues siestes paresseuses à l'ombre d'un arbre. Nous voilà, comme Marcel Proust avec sa madeleine, replongés aussitôt dans les délices de la belle saison : pourquoi nous priver de ces sensations divines, d'autant plus que le menu que je vous propose est tout simple à réaliser et, de plus, d'un prix modique ?

Votre marché pour 4 personnes :

1 Velouté de moules (préparation : 1 heure 10 minutes en deux temps ; cuisson : 30 minutes) : ▸ 2 litres de moules ▸ 3 poireaux, dont vous n'utiliserez que le blanc ▸ 2 carottes ▸ 2 branches de céleri ▸ 2 échalotes ▸ 4 gousses d'ail ▸ 1 branche de fenouil ▸ la moitié d'un gros bouquet de persil plat ▸ 2 œufs ▸ 4 c.s. de crème fraîche ▸ 2 c.s. rases de farine ▸ 2 verres de vin blanc sec (muscadet, côtes-de-provence...) ▸ huile d'olive ▸ sel fin, poivre du moulin ▸ 1 citron

2 Encornets farcis (préparation : 1 heure 15 minutes en deux temps ; cuisson : 40 minutes) : ▸ 8 encornets entiers de taille moyenne (pas plus grands que la main) ▸ 200 g de lard frais ▸ 5 oignons ▸ 2 gousses d'ail ▸ la moitié d'un gros bouquet de persil plat ▸ 1 bouquet garni : 2 branches de persil et 2 de thym, 1 feuille de laurier ▸ 1 orange non traitée ▸ 250 g de riz sauvage ▸ 250 g de riz basmati ▸ 1 petite boîte de concentré de tomates de très bonne qualité ▸ 1 œuf ▸ 3 verres de vin blanc sec (muscadet, côtes-de-provence...) ▸ 1 verre à liqueur de cognac ▸ 1 piment oiseau ▸ huile d'olive ▸ sel fin, poivre du moulin ▸ 1 aiguille et du fil de cuisine (je place exceptionnellement un accessoire au rang des ingrédients, parce que je ne suis pas sûre que vous en disposiez, qu'on ne peut pas s'en passer et que je ne vois pas de bricolage possible)

3 Crème au vin (préparation : 15 minutes en deux temps ; cuisson : 1 heure 45 minutes en deux temps) : ▸ 8 œufs ▸ 200 g de miel de trèfle ou d'acacia de Hongrie ▸ 50 g de sucre semoule ▸ 1 citron non traité ▸ 50 cl de vin blanc liquoreux (sauternes, montbazillac, muscat de Frontignan...) ▸ 1 bâton de cannelle

Préparation totale du repas : 2 heures 40 minutes

Les vins de confection seront les vins de service les plus indiqués. Veillez seulement à leur fraîcheur.

★ ★ ★

Si vous disposez d'1 heure 30 minutes à un moment de la journée, profitez-en pour vous avancer ; vous aurez besoin d'une bonne heure avant le dîner. Vous pouvez aussi choisir de tout regrouper, la méthode est exactement la même. En réalité, vous pouvez tout. Faisons place nette du dessert, qui se déguste refroidi à température ambiante et ne doit connaître le réfrigérateur en aucun cas.

3 Crème au vin

★ Lavez et essuyez le citron, prélevez toute sa peau au couteau économe. Mettez-la dans une casserole inoxydable avec le vin liquoreux, la cannelle et le miel. Menez à frémissement et gardez ainsi 15 minutes à découvert, sans laisser bouillir surtout, afin que cela réduise. Puis laissez tiédir.

★ Allumez le four (120 °C). Posez un moule ou quatre ramequins dans l'évier contenant un fond d'eau bouillante, afin de les chauffer. Avec le sucre et 2 c.s. d'eau, faites un caramel blond dans une petite casserole. Sortez alors prestement le moule ou les ramequins de l'évier, posez-les sur un torchon préparé et versez le caramel sans attendre, en penchant les récipients de tous côtés afin qu'il en enduise le fond et les bords. Ce petit coup de main ne présente aucune difficulté : il faut simplement faire vite parce que le caramel durcit rapidement malgré la chaleur des moules, et prendre garde à ne pas se brûler.

★ Otez du vin miellé la cannelle et la peau du citron. Battez les œufs au fouet à main dans une jatte et ajoutez peu à peu, en battant toujours, le vin miellé. Versez le mélange dans le moule ou les ramequins et posez dans la plaque du four, que vous remplirez ensuite à mi-hauteur d'eau bouillante avant de la glisser au milieu du four, où vous la laisserez 1 heure à 1 heure 30 minutes, selon que vous avez choisi des ramequins ou un moule. La crème est cuite lorsqu'une lame de couteau plongée en son centre ressort humide mais nette. Les œufs ne doivent pas bouillir : ils perdraient toute onctuosité.
Vous laisserez refroidir dans le(s) moule(s) cette version délicieusement alcoolisée de la crème au caramel, et vous démoulerez au moment du dîner suivant la bonne vieille méthode (plonger le cul du moule quelques secondes dans de l'eau bouillante, essuyer, renverser sur le plat de service d'un coup sec).

Penchez-vous sur l'entrée.

1 Velouté de moules

★ Grattez les moules et débarrassez-les de leur barbe en la tirant avec fermeté. Lavez soigneusement sous le robinet d'eau froide. Mettez dans un grand faitout, sur feu vif et à couvert. Secouez de temps en temps. Après 3 ou 4 minutes, les moules sont ouvertes. Laissez-les tiédir.

★ Quand vous pourrez les tripoter sans vous brûler, égouttez-les en conservant le jus de cuisson. Sortez-les de leurs coquilles, jetez les moules qui ne se seraient pas ouvertes, ce qui prouve qu'elles étaient mortes avant la cuisson, donc inconsommables. Réservez les moules décoquillées, à couvert si elles doivent patienter un peu longtemps.

Attaquez le plat de résistance.

2 Encornets farcis

★ Nettoyez les encornets sans les déchirer (voir p. 69). Égouttez à fond. Réservez les poches.

★ Lavez et égouttez le persil, ciselez-en assez de feuilles pour obtenir 3 c.s. Réservez le reste pour le service. Pelez 3 oignons et 1 gousse d'ail, hachez-les menu au couteau ou au hachoir électrique. Hachez les couronnes et les tentacules des encornets, ainsi que le lard. Mélangez le tout et faites revenir cette farce à la poêle dans 1 c.s. d'huile, sur feu modéré, en remuant à la cuillère de bois jusqu'à ce qu'il n'y ait plus de liquide exsudé. Hors du feu ajoutez le riz sauvage, du sel et du poivre, mélangez à fond.

★ Répartissez la farce dans les poches des encornets, cousez sans serrer afin de ne pas déchirer la chair, mais de façon à ce que la farce ne s'échappe pas. Laissez en attente, à l'abri d'un torchon si c'est un peu long.

★ Lavez le riz blanc sous l'eau froide dans une passoire jusqu'à ce qu'il ne laisse plus de trace laiteuse d'amidon. Laissez égoutter.

Vous en avez fini des préliminaires. Voici sans attendre la suite des opérations, qui commence par la remise en train des encornets 1 heure avant le coup de sonnette de vos invités.

★ Pelez et émincez fin les 2 oignons restants ; lavez et essuyez l'orange, prélevez toute sa peau au couteau économe. Chauffez à feu modéré 2 c.s. d'huile dans une grande cocotte, mettez à revenir les oignons et la peau d'orange. Quand les oignons sont à transparence, ajoutez les encornets et tournez-les de toutes parts. Lorsqu'ils sont bien chauds et raidis, versez le cognac dans la cocotte, flambez, puis mouillez avec le vin blanc. Ajoutez la dernière gousse d'ail pelée et émincée, le bouquet garni, 1 c.s. de concentré de tomates et le piment oiseau. À ébullition baissez le feu, couvrez et laissez mijoter à tout petits bouillons 40 minutes. Ce sera cuit trop tôt, ce n'est pas grave : vous éteindrez, et vous réchaufferez au moment voulu, à feu très doux, le contenu de la cocotte qui sera encore chaud.

Une demi-heure avant la sonnette de la porte d'entrée, reprenez le potage en main.

1 Velouté de moules

★ Épluchez, lavez, égouttez et émincez tous les légumes, à l'exception des carottes que vous taillez en fins bâtonnets. Ciselez le persil.

★ Dans une large casserole, mettez à chauffer à feu modéré 2 c.s. d'huile, et faites-y fondre 5 minutes tous les légumes et le persil en remuant à la cuillère de bois. Saupoudrez de farine, laissez cuire 3 minutes encore, toujours en remuant. Mouillez alors avec 1 litre d'eau, le vin blanc, le jus décanté des moules. Salez, poivrez, menez à ébullition en remuant encore. Baissez alors le feu et faites cuire à tout petits bouillons 15 minutes au moins, 30 au plus, ce qui est exactement le temps de l'apéritif puisque vos amis ont sonné au moment où vous baissiez le feu.

★ Au moment de servir, mélangez dans un bol la crème, les jaunes d'œufs et le jus du citron. Ajoutez dans la casserole les moules réservées, donnez un bouillon et ôtez du feu. Prélevez quelques cuillerées du potage que vous ajoutez dans le bol en fouettant, puis, en remuant à la cuillère de bois, versez le contenu du bol dans la casserole pour achever le velouté. Servez aussitôt dans votre plus jolie soupière.

Au moment d'apporter l'entrée, mettez à bouillir une casserole remplie d'eau salée, où cuira le riz.

2 Encornets farcis

★ Vous débarrassez le potage : rallumez un feu moyen sous les encornets, jetez le riz dans l'eau bouillante en remuant vivement pour éviter qu'il colle au fond. Sa cuisson sera parfaite le temps de changer le couvert et d'achever les encornets.

★ Lorsque le contenu de la cocotte aura retrouvé un bouillonnement, diluez dans un bol le jaune d'œuf avec 3 c.s. d'huile et quelques

cuillerées de sauce des encornets, éteignez le feu, prélevez les encornets à l'écumoire et posez-les sur le plat de service, passez la sauce au chinois au-dessus d'un récipient, mélangez-y le contenu du bol en remuant vivement au fouet à main, arrosez les encornets de cette sauce liée et saupoudrez du reste du persil ciselé. L'ultime détail consiste à égoutter le riz à fond et à le verser dans une jatte ravissante.
Exécuté ainsi, dans l'ordre et sans énervement inutile, tout cela est un jeu d'enfant.

Vous savez que le beau va avec le bien et que l'un ne saurait se passer de l'autre, dans le domaine qui nous occupe comme ailleurs : ne parle-t-on pas de l'élégance d'une équation ou de la beauté d'une théorie lorsqu'elles s'avèrent justes ?

Foie gras de canard
Saint-Jacques aux poireaux
Profiteroles au chocolat

★

La mauvaise saison est aussi celle des fêtes, destinées à adoucir un peu les rigueurs du climat. Ne mangerait-on de foie gras qu'une fois dans l'année que ce serait le moment : c'est l'époque idéale de confection et de consommation et une tradition de Noël ou du Jour de l'An. Vous avez deux possibilités : l'acheter tout préparé dans une maison spécialisée ou le faire vous-même, ce qui demande du soin, de la précision et un peu d'outillage mais procure une intense satisfaction et représente une économie non négligeable.

La confection du foie gras, qui doit précéder le dîner de quatre ou cinq jours, est exposée en exergue. Le reste respecte notre méthode habituelle et vous pouvez y aller directement si vous choisissez de faire l'emplette du coûteux abat.

Ce qui vous est nécessaire pour 10 parts (la conservation est d'une dizaine de jours, vous pouvez donc espérer deux dégustations) :

1 Le foie gras ▸ 2 foies gras frais de canard des Landes, de 550 à 600 g pièce, chez un commerçant spécialisé et au-dessus de tout soupçon : ce point est essentiel, parce qu'il est très difficile de choisir un foie frais lorsqu'on manque d'expérience et que, si la matière première n'est pas impeccable, le résultat sera à coup sûr désastreux ▸ 15 g de sel fin (soit 1 c.s. rase) ▸ 3 g de poivre blanc très finement moulu (soit 1 c.c. rase) ▸ 1 c.c. rase de sucre semoule ▸ 1 pincée de quatre-épices ▸ 1 pincée de noix muscade râpée ▸ une grande jatte, une terrine de porcelaine blanche avec son couvercle (longue de 16 centimètres, large de 11, haute de 7 – ne vous effrayez pas, ce sont des dimensions standard), une cocotte assez grande pour contenir confortablement la terrine, un thermomètre de cuisson (indispensable !), un petit couteau d'office bien pointu et bien aiguisé, du papier sulfurisé.

(Premier jour : trempage : 1 heure ; préparation : 40 minutes ; macération : 12 heures. Deuxième jour : préparation : 10 minutes ; cuisson : 50 minutes ; repos : 3 heures. Attente : 3 ou 4 jours)

Un meursault ou un sauternes seront le compagnon idéal du foie gras, ainsi que de grandes tranches de pain de campagne juste grillées (surtout pas de pain de mie ou brioché, qui font de la peine ici).

★ ★ ★

La veille de la cuisson, mettez-vous au travail à peine rentré chez vous avec vos coûteuses emplettes.

1 Foie gras de canard

★ Remplissez la jatte d'eau à 37 °C (vérifiez à l'aide de votre thermomètre flambant neuf) et faites-y tremper les foies pendant une heure : cela les fera dégorger (c'est-à-dire rendre le sang qu'ils contiennent) et permettra de les dénerver plus facilement.

★ Sortez les foies et épongez-les délicatement dans un torchon. Rincez et essuyez la jatte.

★ Séparez à la main les deux lobes de chaque foie : vous verrez que l'un est plus gros que l'autre. Incisez au couteau d'office, avec précaution, l'intérieur de chaque lobe dans sa longueur, en suivant le trajet de la grosse veine centrale. Décollez-la délicatement de la pointe du couteau à partir du bout du lobe et tirez-la vers vous, toujours en vous aidant du couteau. Si la veine se casse, tant pis, laissez le lobe tel quel : vous le charcuteriez et risqueriez de le gâcher.

★ Grattez soigneusement à l'intérieur des lobes les traces vertes laissées par le fiel, qui rendraient votre foie affreusement amer, et enlevez d'un couteau léger la fine peau qui recouvre l'extérieur des lobes.

★ Couchez les quatre lobes ouverts dans la jatte. Mélangez soigneusement les assaisonnements et répartissez tout aussi soigneusement sur les foies. Résistez fermement à la tentation de tripoter. Je vous prie de me pardonner la quantité inusitée d'adverbes, due à mon désir inquiet de vous expliquer au mieux.

★ Glissez la jatte au réfrigérateur pour 12 heures, en prenant soin de retourner les lobes deux ou trois fois. N'allez pas tout de même, si c'est de nuit, jusqu'à mettre un réveil à sonner.

★ Allumez le four (120 °C). Sortez la jatte du réfrigérateur. Dans la terrine, disposez d'abord les gros lobes tête-bêche, partie lisse en contact avec le fond, puis les petits lobes, partie lisse au-dessus.

Découpez du papier sulfurisé à la dimension de la terrine et posez-le sur les foies, en appuyant légèrement pour le faire adhérer.

★ Mettez la terrine dans la cocotte. Chauffez de l'eau à 80 °C et versez-la dans la cocotte, en prenant garde d'éclabousser les foies, jusqu'à deux centimètres du bord supérieur de la terrine. Ce faisant la température de l'eau va tomber à 70 °C environ.

★ Mettez la cocotte au four pour 50 minutes. Vérifiez régulièrement la température de l'eau, qui doit se maintenir à 70 °C : davantage, le foie fondrait, moins, il ne cuirait pas. Ainsi, il sera parfait.

★ Sortez la terrine du four et de la cocotte, laissez-la refroidir 3 heures à température ambiante. Otez enfin le papier sulfurisé, recouvrez la terrine de son couvercle et mettez-la au réfrigérateur. Même si vous êtes dévoré de curiosité, patientez trois ou quatre jours : votre foie gras sera ainsi au comble du suave et du moelleux, et vous ravi de le partager à son meilleur avec vos invités.

Le jour de votre dîner vous vous préoccuperez du reste du menu, qui vous paraîtra un aimable divertissement comparé à l'exactitude requise par son entrée.

Votre marché pour 4 personnes :

2 Saint-Jacques aux poireaux (préparation : 30 minutes en deux temps ; cuisson : 17 minutes en deux temps) : ▸ 16 belles coquilles Saint-Jacques, ouvertes et parées par votre honnête poissonnier ▸ 1 kg de petits poireaux ▸ 20 g de beurre ▸ 30 cl de crème fraîche épaisse ▸ noix muscade, sel fin, poivre du moulin

3 Profiteroles au chocolat (préparation : 20 minutes ; repos : 15 minutes ; cuisson : 40 minutes en deux temps ; finitions : 10 minutes) : ▸ 4 œufs (soit 240 g) ▸ 40 g de beurre + 1 noix ▸ 20 cl de crème fleurette ▸ 1 demi-litre de glace à la vanille (chez le meilleur artisan de votre connaissance ou confectionnée par vous, voir p. 91) ▸ 200 g de chocolat noir amer (de 50 à 70 % de cacao) ▸ 125 g de farine ▸ 20 g de sucre vanillé ▸ 1 demi-c.c. de sel fin ▸ 14 cl d'eau (soit 140 g)

Préparation totale des deux plats : 1 heure

Les Saint-Jacques aimeront beaucoup un châteauneuf-du-pape blanc et le dessert un champagne brut. Si vous tenez à un fromage, un vacherin-mont-d'or dont c'est la pleine saison, qui doit se déguster fondant à la petite cuillère et tolère quelques feuilles de mâche discrètement assaisonnées, vous donnera toute satisfaction avec le vin blanc.

★ ★ ★

Si vous avez une petite heure devant vous à un moment quelconque de la journée, avancez-vous. Vous reprendrez peu avant l'arrivée de vos invités, étant entendu que vous et votre logis revêtirez un éclat particulier pour ce soir de fête.
Le dessert, comme vous le savez, est fait de choux fourrés de crème glacée et arrosés de sauce chaude. Il faut bien sûr commencer par les choux.

3 Profiteroles au chocolat

★ Passez la farine au-dessus d'un récipient à travers un chinois pour la tamiser. Dans une grande casserole, mettez l'eau, le sel, le sucre vanillé et le beurre. Amenez lentement à ébullition. Au moment où le liquide monte, ajoutez la farine d'un seul coup en tournant rapidement à la cuillère de bois. Continuez à tourner sur feu très doux pour obtenir une pâte homogène, puis faites dessécher cette pâte jusqu'à ce qu'elle forme une boule se détachant de la casserole.

★ Otez la casserole du feu et incorporez les œufs un par un, en travaillant chaque fois très rapidement et vigoureusement jusqu'à complet amalgame. À la fin, la pâte doit être lisse et souple, mais assez ferme pour ne pas s'affaisser.

★ Laissez-la reposer un quart d'heure environ. Allumez le four (160 °C). Graissez la plaque du four avec la noix de beurre.

★ Remplissez de la pâte une poche à douille garnie du gros embout lisse et garnissez la plaque de seize petits tas bien espacés les uns des autres. Si vous n'avez pas de poche à douille et que vous refusez catégoriquement d'en faire l'acquisition, vous pouvez vous servir d'une cuillère à entremets, mais le résultat risque de faire un peu art brut.

★ Placez pour 30 minutes assez bas dans le four : les choux doivent doubler de volume, être bien secs et fermes. Laissez tiédir dans le four éteint, puis refroidir sur une grille dans une atmosphère sèche. Le reste viendra en son temps.

Préparez les poireaux, ce sera toujours ça de pris sur la préparation du plat principal.

2 Saint-Jacques aux poireaux

★ Épluchez-les en ôtant la première peau, coupez les radicelles et jetez presque tout le vert. Lavez avec soin. Bottelez ces blancs en les attachant avec une ficelle de cuisine.

★ Faites bouillir une large casserole d'eau salée, jetez-y la botte, comptez 6 à 7 minutes à partir de la reprise de l'ébullition. Le légume doit être tendre mais pas effondré, la pointe d'un couteau doit le traverser sans résistance notable. Égouttez, rincez sous l'eau froide, débottelez, égouttez encore jusqu'au moment de l'utilisation.

★ Enduisez un plat à gratin avec le beurre.

La deuxième phase, vous le devinez, se fait en un tournemain.

★ Lavez les noix de Saint-Jacques en les effeuillant du doigt sous le robinet d'eau froide, afin d'en chasser le sable qui pourrait y gîter. Épongez au papier absorbant.

★ Épongez aussi les poireaux, même longuement égouttés : ce légume hydrophile pourrait, en dégorgeant le reste de l'eau qu'il a amassée en cuisant, gâter votre plat en le liquéfiant.

★ Coupez les blancs de poireaux en tronçons de 1 centimètre, rangez-les en une couche dans le plat à gratin, posez par-dessus les mollusques qui commençaient à se morfondre. Sel, poivre. Recouvrez de crème et râpez un peu de noix muscade. Laissez attendre. Vous allumerez le four (220 °C) au moment de passer à table. Vous enfournerez votre plat pour 10 minutes à la fin de la dégustation du foie gras. Ce sera à fondre de plaisir.

Quelques minutes avant l'arrivée de vos invités, passez à la confection de la sauce du dessert.

3 Profiteroles au chocolat

★ Cassez le chocolat dans une jatte que vous poserez sur une casserole où bout de l'eau. Laissez-le fondre sans y toucher (il formerait des grumeaux). Lorsque le chocolat est fondu, incorporez la crème en remuant à fond à la cuillère de bois. Laissez la jatte recouverte d'une assiette ou d'une feuille de papier aluminium sur la casserole où vous maintiendrez une eau à peine frémissante, pour conserver la sauce au chaud sans la cuire jusqu'au moment du dessert.
En passant à table vous n'oublierez pas de sortir la glace à la vanille du congélateur et de la placer au réfrigérateur, afin qu'elle prenne la consistance de dégustation idéale.
Au moment du dessert il faudra agir avec prestesse. Dès le couvert changé, vous verserez la sauce au chocolat dans une saucière. Vous ouvrirez les choux avec des ciseaux, les farcirez d'une grosse cuillerée à soupe de glace à la vanille, les refermerez, les dresserez sur un plat de service et les servirez aussitôt.

Chacun arrosera ses choux de sauce au chocolat et poussera de gros soupirs de contentement. Vos profiteroles sont en effet à ce que l'on sert d'ordinaire sous ce nom ce qu'un dessin de Leonardo est à une médiocre contrefaçon.

Le genre terrestre

Tarte aux blettes
Foie de veau aux artichauts
Glace au miel

★

Nous allons décliner maintenant cinq menus d'hiver autour de l'animal terrestre. Vous réserverez celui-ci à des personnes dont vous connaissez le culte qu'elles vouent au foie de veau, ce qui suppose une certaine intimité – je l'ai servi lors d'une des rares visites de ma nièce (toujours ouvreuse de music-hall à Londres, où elle étudie en même temps l'histoire romaine). J'invite aussi ma belle-sœur polonaise (sa maman) et mon époux allemand, mais pas mon frère qui a les abats en aversion. Comme quoi le foie de veau est une affaire strictement subjective, qui n'a rien à voir avec les différences de culture.

Votre marché pour 4 personnes :

1 **Tarte aux blettes** (préparation : la veille ou 4 heures à l'avance : 5 minutes ; avant la cuisson : 20 minutes ; cuisson : 30 minutes) : ▸ 1 kg de jeunes blettes tendres ▸ 100 g de raisins de Smyrne ▸ 100 g de pignons ▸ 3 œufs ▸ 100 g de beurre ▸ 100 g de parmesan fraîchement râpé ▸ 30 g de cassonade (sucre roux), soit 1 grosse c.s. ▸ 200 g de farine ▸ 1 verre à liqueur de cognac ▸ huile d'olive ▸ sel fin, poivre du moulin

2 **Foie de veau aux artichauts** (préparation : 20 minutes ; cuisson : 30 minutes en deux temps) : ▸ 4 tranches épaisses de foie de veau de 150 g chacune, chez votre honnête boucher ▸ 8 gros artichauts bien lourds, serrés et sans taches ▸ 2 citrons ▸ 75 g de beurre ▸ sel fin, poivre du moulin

3 **Glace au miel** (préparation : 15 minutes ; prise : 3 heures) : ▸ 8 œufs ▸ 75 cl de crème fleurette ▸ 60 g de sucre semoule ▸ 100 g de miel d'acacia ▸ 100 g de pignons

Préparation totale du repas : 1 heure

Servez un chinon, qui s'accordera merveilleusement avec le foie après s'être montré agréable avec la tarte. De l'eau avec la glace, à la rigueur une coupe de champagne pour fêter les succès de votre nièce.

★ ★ ★

Vous savez que les pâtes à tarte doivent reposer au frais. Si vous avez l'occasion de faire votre pâte brisée la veille, c'est parfait ; sinon le retour du marché sera très bien aussi.

1 Tarte aux blettes

★ Tamisez la farine avec une forte pincée de sel à travers un chinois au-dessus d'un grand saladier. Ajoutez le beurre froid coupé en tout petits morceaux et 1 œuf battu à la fourchette. Assemblez le tout du bout des doigts.

★ Dès que c'est amalgamé et sans travailler davantage, formez une boule, mettez-la dans une feuille de plastique alimentaire (surtout pas d'aluminium, la pâte noircirait) et rangez dans le casier à légumes du réfrigérateur. Vous n'oublierez pas de l'en sortir 1 heure avant de l'utiliser pour qu'elle revienne à la température ambiante : vous auriez autrement le plus grand mal à l'étendre.

★ Pendant que vous y êtes, mettez les raisins à tremper dans le cognac.

La glace, elle aussi, a besoin de temps. La technique est identique à celle de la glace à la vanille (voir p. 91), seuls les ingrédients diffèrent un peu. Nous ne nous étendrons donc pas.

3 Glace au miel

★ Dans une casserole inoxydable, menez à ébullition la crème fleurette et 60 g de miel. Éteignez au premier bouillon. Pendant ce temps, battez les jaunes d'œufs avec le sucre semoule dans une grande jatte jusqu'à ce que le mélange forme une mousse pâle et volumineuse. Mélangez la crème à cette mousse, par petites quantités au début afin de ne pas cuire les jaunes, en remuant à la cuillère de bois. Reversez le tout dans la casserole.

★ Sur feu doux, remuez constamment la crème à la cuillère de bois jusqu'à ce qu'elle nappe la cuillère, c'est-à-dire la recouvre d'un enduit velouté. Sortez alors immédiatement la casserole du feu et posez-la sur une surface froide. Si vous êtes pressé, vous pouvez accélérer le refroidissement de la crème en posant le cul de la casserole dans de l'eau garnie de glaçons.

★ Pendant que la crème refroidit, faites griller la moitié des pignons à feu vif dans une poêle sèche en la secouant souvent. Dès que les pignons sont dorés, versez-les dans une assiette et laissez-les refroidir.

★ Lorsque tout est à température de la cuisine, mélangez la crème et la moitié des pignons grillés, versez dans la sorbetière et faites prendre en glace selon le mode d'emploi de votre appareil. Vous savez que cela nécessite environ 3 heures.

★ Vous savez aussi qu'il suffit de plonger le moule quelques secondes dans de l'eau bouillante pour démouler, qu'il faut remettre la crème glacée au freezer jusqu'au moment de passer à table, où il convient de la transférer au réfrigérateur pour qu'elle s'y amollisse.

Au moment du dessert, vous servirez dans de jolies coupes individuelles en garnissant de quelques pignons grillés et d'un filet de miel. Si vous en avez sous la main, un brin de menthe ajoutera encore à la beauté de la chose. Normalement il devrait rester au moins deux portions, mais je n'ai jamais vu le cas tant cette glace est irrésistible.

Le moment où vous mènerez à bien la tarte aux blettes dépend de votre choix de la servir chaude, tiède (c'est ce que je préfère, pour ma part) ou froide (sans passer par le réfrigérateur cependant) : vous savez que sa confection demande 50 minutes.

1 Tarte aux blettes

★ Étant entendu que la pâte brisée est revenue à la température de la cuisine, étalez-la avec équité sur le fond et les bords d'un moule à tarte, piquez-la à la fourchette et entreposez au réfrigérateur pendant que vous confectionnez la garniture.

★ Détachez le vert des blettes (mettez les côtes blanches de côté : à la fin de ce menu, je vous donnerai deux recettes pour les utiliser, le lendemain par exemple), lavez, épongez au torchon ou au papier absorbant, superposez sur une planche et taillez en lanières fines à l'aide d'un grand couteau.

★ Allumez le four (220 °C). Dans une grande jatte, battez les 2 œufs restants avec la cassonade, du sel et du poivre. Ajoutez les raisins et le cognac, les pignons, les lanières de blettes, le parmesan et 1 c.s. d'huile d'olive. Brassez à fond à la main ou avec deux cuillères de bois.

★ Sortez le moule du réfrigérateur, versez le mélange, égalisez et glissez au four. Après 15 minutes, baissez la chaleur à 200 °C pour 15 minutes encore. Une fois cuite, laissez la tarte attendre à la température de la cuisine. Ses saveurs méridionales vous feront évader un moment de l'hiver.

Profitez d'un moment perdu pour préparer à l'avance les fonds d'artichauts exactement comme je vous l'explique p. 83, et laissez les quartiers en attente sous un torchon pour que la chair ne se dessèche pas.

2 Foie de veau aux artichauts

★ Vous cuirez le foie de veau juste avant de le servir : cela vous prendra 10 minutes tout au plus et rien ne vous empêche d'en montrer le tour de main à l'un ou l'autre de vos convives, un verre de chinon à la main.

★ Pressez le jus d'un citron, coupez l'autre en quartiers. Glissez les assiettes de service à four doux (80 °C).

★ Mettez à chauffer le beurre dans une vaste poêle, à feu modéré. Tournez-y les quartiers d'artichauts. Quand ils sont bien chauds, poussez-les au pourtour de la poêle et posez au centre les tranches de foie de veau. Au bout de 3 minutes, retournez-les, salez et poivrez la face cuite, laissez cuire l'autre 2 à 3 minutes, selon qu'on veut sa viande rose ou à point.

★ Prélevez les tranches de foie et les quartiers d'artichauts à l'écumoire, répartissez-les sur les assiettes chaudes. Versez le jus du citron dans la poêle, poussez le feu et grattez à la spatule de bois pour détacher les sucs de cuisson et les mélanger à la sauce formée par le beurre et le jus. Arrosez les assiettes et servez sans attendre, avec les quartiers de citron, ce régal d'amateurs.

★★★

Voici deux façons pour utiliser les blancs de blettes, toujours pour 4 personnes.

Chartreuses de blettes au roquefort

★ Épluchez les côtes comme vous le feriez de branches de céleri. Éliminez toutes les parties jaunies. Faites bouillir 8 minutes à grande eau salée, égouttez à fond, épongez au torchon ou au papier absorbant pour éliminer l'eau au maximum.

★ Allumez le four (200 °C). Chemisez (c'est-à-dire revêtez entièrement) des plus belles côtes quatre grands ramequins individuels. Pressez pour bien faire adhérer, coupez ce qui dépasse au couteau d'office.

★ Sur une planche, hachez au grand couteau ce qui reste des blancs. Dans un saladier, battez 2 œufs, 25 cl de crème, 50 g de roquefort en miettes, quelques râpures de muscade et du poivre généreux. Ajoutez les blettes hachées, mélangez bien. Répartissez cette farce dans les ramequins et glissez au four pour 20 minutes, jusqu'à un joli doré. Vous passerez un couteau sur le pourtour des ramequins, démoulerez sur les assiettes de service et dégusterez aussitôt : c'est exquis avec une viande blanche, côte de veau poêlée, porc ou poulet rôtis par exemple, ou encore foie de veau.

(préparation et cuisson : 50 minutes).

★

Blancs de blettes à la crème

★ Épluchez les côtes de blettes, détaillez-les en tronçons puis en bâtonnets, roulez ceux-ci dans 50 g de beurre en cocotte à feu doux et laissez-les cuire 10 minutes à couvert. Puis arrosez de 250 g de crème fraîche épaisse, assaisonnez de sel, poivre et noix de muscade et cuisez encore 10 minutes à découvert.

(préparation et cuisson : 30 minutes).

★

Poires rôties au chèvre
Lapin en cocotte
Latte cotto et ses madeleines

★

Le menu roboratif que je vous propose maintenant réchauffera les jours les plus grisâtres de ses saveurs rustiques. Vous verrez aussi qu'il ne va pas sans raffinements.

Votre marché pour 4 personnes :

1 Poires rôties au chèvre (préparation : 15 minutes ; cuisson : 15 minutes) : ▸ 2 belles poires mûres beurré hardy ou doyenné-du-comice ▸ 1 citron ▸ 4 crottins de Chavignol à point ▸ 40 g de beurre ▸ 4 belles tranches de pain de campagne, dont vous aurez enlevé la croûte ▸ poivre du moulin

2 Lapin en cocotte (préparation : 30 minutes ; cuisson : 1 heure 30 minutes) : ▸ 4 cuisses de lapin chez votre excellent volailler ▸ 1 kg de pommes de terre (choisissez des BF15) ▸ 250 g de petits oignons ▸ 8 gousses d'ail ▸ 1 bouquet garni (2 branches de persil plat, 1 de thym, 1 feuille de laurier) ▸ 4 belles branches de romarin ▸ 100 g de beurre ▸ huile d'olive ▸ sel fin, poivre du moulin

3 Latte cotto et ses madeleines (pour le premier, préparation : 30 minutes ; cuisson : 1 heure. Pour les secondes : préparation : 15 minutes ; cuisson : 10 minutes) : ▸ 3 citrons non traités ▸ 1 gousse de vanille Bourbon ▸ 125 g de beurre ▸ 6 blancs d'œufs, soit 240 g (disons que la veille vous avez confectionné un dessert qui demande beaucoup de jaunes) ▸ 2 œufs entiers ▸ 25 cl de crème fleurette ▸ 25 cl de lait frais entier ▸ 350 g de sucre semoule ▸ 150 g de farine + 1 poignée ▸ sel fin ▸ Il vous faut aussi, impérativement, des moules à madeleines pour douze pièces.

Préparation totale du repas : 1 heure 30 minutes

Un vin blanc jeune et frais accompagnera idéalement l'entrée. Choisissez par contre pour la cocotte de lapin un côteaux-du-languedoc rouge de caractère soutenu. L'extrême délicatesse du dessert ne supporte que de l'eau fraîche.

★ ★ ★

Il faut commencer par le dessert, bien sûr, dont je dois la recette à un jeune et beau cuisinier qui officie « Chez Casimir », un restaurant de mon quartier. Sa confection s'étire sur presque 2 heures sans les occuper entièrement, et vous pourrez la mener n'importe quand dans la journée tout en vous plongeant avidement dans Marcel Proust (je me permets de vous recommander Les plaisirs et les jours, qui sont d'une lecture moins prenante que La recherche...).

3 Latte cotto et ses madeleines

★ Lavez et essuyez 2 citrons. À l'aide un zesteur, grattez-en toute la peau au-dessus d'une casserole où vous ajouterez la gousse de vanille fendue en deux dans sa longueur, la crème et le lait. Menez à ébullition, éteignez le feu au premier bouillon et laissez infuser et tiédir 10 minutes.

★ Choisissez 4 grands ramequins ou, comme « Chez Casimir », 8 pots de verre supportant le four. Allumez ce dernier (120 °C) et placez-y une plaque contenant un fond d'eau chaude.

★ Dans une jatte, mélangez au fouet à main 200 g de sucre et les blancs d'œufs en battant sans insistance : il s'agit simplement de les amalgamer. Puis, lorsqu'il est refroidi, ajoutez par petites quantités, en battant toujours, le contenu de la casserole. Râclez au couteau l'intérieur de la gousse de vanille, ajoutez les grains.

★ Répartissez le mélange dans les récipients choisis en le passant à travers un chinois. Posez dans la plaque et laissez au four 60 minutes environ, jusqu'à ce que le *latte cotto* soit « pris, mais encore tremblant », comme dit mon charmant cuisinier. Laissez refroidir ensuite à température ambiante, surtout pas au réfrigérateur !

À la fin de la cuisson de l'entremets, mettez en train les madeleines.

★ Poussez le four à 220 °C.

★ Faites fondre le beurre à feu doux dans une petite casserole. Graissez légèrement les moules à madeleines à l'aide d'un pinceau trempé dans ce beurre fondu. Parsemez de la poignée de farine, répartissez en secouant les plaques, et renversez-les pour jeter la farine excédentaire.

★ Dans une terrine, battez les œufs entiers avec le sucre restant et une pincée de sel, jusqu'à obtenir une pâte blanche et coulante.

★ Tamisez la farine à travers un chinois au-dessus de la terrine, travaillez bien, puis ajoutez le beurre fondu. Travaillez encore. Ajoutez enfin le zeste râpé du dernier citron, travaillez toujours.

★ Répartissez la pâte dans les moules qu'elle remplira aux trois quarts et glissez au four pour 8 à 10 minutes. Les madeleines seront dodues, dorées, avec un parfum d'enfance attendrissant. Laissez-les refroidir sur une grille, où elles attendront benoîtement l'heure du dessert, et accordez-vous le temps de rêver.

Une heure avant l'arrivée de vos invités, attaquez le plat de résistance.

2 Lapin en cocotte

★ Pelez et lavez les pommes de terre, coupez-les en grosses frites. Mettez-les dans une casserole, recouvrez d'eau froide, portez à ébullition et égouttez. Épongez ces pommes de terre blanchies. Chauffez 20 g de beurre dans une large poêle et roulez-y vos « frites » pour les dorer un peu sans chercher à les cuire.

★ Pendant ce temps épluchez les oignons et, dans une vaste cocotte bien lourde, chauffez 2 c.s. d'huile. Faites-y dorer les cuisses de lapin sur les deux faces, sans hâte, assaisonnez généreusement de sel et de poivre. Baissez le feu. Ajoutez les oignons, les pommes de terre et leur beurre, l'ail en chemise (non épluché), le romarin, le bouquet garni, 80 g de beurre, un peu de sel et de poivre encore.
Couvrez la cocotte. Cuisez au feu le plus doux jusqu'au moment du service, soit 1 heure à 1 heure 30 minutes. Cela doit confire plutôt que cuire. Résistez à la tentation de soulever le couvercle, vous le ferez à table où tout le monde profitera de la bouffée de parfums qui s'exhalera d'un seul coup.

Environ un quart d'heure avant le coup de sonnette, préparez l'entrée qui se fait en un tournemain.

1 Poires rôties au chèvre

★ Beurrez les tartines de pain de campagne écroûtées. Posez-les sur la plaque du four. Garnissez-les des crottins coupés en deux dans leur épaisseur. Poivrez.

★ Pressez le jus du citron. Pelez les poires au couteau économe. Coupez-les en deux. Otez les cœurs. Posez chaque demi-poire sur une tartine garnie et coupez le fruit en lamelles comme si vous garnissiez une tartelette. Appuyez un peu du bout des doigts afin d'obtenir une surface aussi plane que possible. À l'aide d'un pinceau, badigeonnez les fruits du jus de citron afin de leur éviter de noircir. Poivrez avec largesse.

★ Au coup de sonnette de vos invités, allumez le four (200 °C). Vous y glisserez la plaque 15 minutes avant de passer à table et servirez à l'assiette ce petit gratin sucré-salé, tout doré et appétissant.

★

Melon au safran
Osso bucco aux agrumes
Charlotte à l'orange

★

Il fait si sombre et triste qu'on n'a plus de goût à rien. Réagissons vigoureusement : l'exercice physique, le militantisme politique, l'activité intellectuelle passionnée, les déchaînements amoureux, tout est bon à condition de ne pas en assommer nos proches. Un petit menu ensoleillé comme celui-ci ne nous fera pas de mal non plus, et nos amis se trouveront bien de toutes ces vitamines.

Votre marché pour 4 personnes :

1 Melon au safran (préparation : 20 minutes ; cuisson : 7 minutes ; macération : 2 heures) : ▸ 1 melon Carmel ou un melon d'Espagne, à point (à la chair d'un vert tendre ou d'un jaune délicat) ▸ 1 citron ▸ 1 gros doigt de gingembre frais ▸ 150 g de riz Basmati ou Surinam ▸ 2 yaourts fermiers, entiers ▸ 2 doses de safran en poudre ou 2 bonnes pincées de safran en filaments ▸ huile d'olive ▸ sel fin

2 Osso bucco aux agrumes (préparation : 30 minutes ; cuisson : 1 heure 30 minutes) : ▸ 4 rouelles de jarret de veau de 300 g chacune, larges et assez épaisses, avec l'os à moelle en plein cœur ▸ 1 kg de carottes moyennes ▸ 1 citron non traité ▸ 4 belles oranges sanguines ou maltaises, non traitées ▸ 1 gros oignon, 2 échalotes, 1 gousse d'ail ▸ 1 bouquet garni : persil, thym, laurier ▸ 1 petit pot de crème fraîche épaisse ▸ 50 g de beurre ▸ 100 g de farine ▸ 15 cl de vin blanc sec ▸ huile d'olive ▸ noix de muscade, sel fin, poivre du moulin

3 Charlotte à l'orange (préparation : 1 heure en pointillés ; prise : 4 heures) : ▸ 2 belles oranges sanguines ou maltaises, non traitées ▸ 25 cl de lait entier ▸ 25 cl de crème fleurette ▸ 5 œufs dont vous n'utiliserez que le jaune ▸ 100 g de sucre semoule ▸ 3 feuilles de gélatine ▸ 200 g de biscuits « à la cuillère » de chez votre honnête pâtissier ▸ 2 c.s. de rhum ambré de Cuba ou de la Martinique

Préparation totale du repas : 1 heure 50 minutes

Il me semble qu'un vin blanc de la vallée du Rhône conviendrait à ce dîner, un hermitage par exemple, dont vous distrairez la petite quantité nécessaire à l'osso bucco. Quant à la charlotte, elle filera le parfait amour avec un muscat de Rivesaltes ou du Cap Corse.

★ ★ ★

L'entremets qui sera de votre repas l'aimable conclusion exige un peu de prévoyance, vous l'avez vu, mais c'est peu de travail réel et vous aurez tout loisir de vous distraire ou de vous cultiver entre temps, par exemple de vous replonger dans la *Salammbô* de Gustave Flaubert, torride à tous les points de vue.

3 Charlotte à l'orange

★ Mettez au froid le nécessaire à crème fouettée : fleurette, bol et pales du batteur. Plongez la gélatine dans un bol d'eau froide, afin qu'elle ramollisse.

★ Lavez et séchez les oranges, grattez-en toute la peau avec votre zesteur au-dessus d'une casserole inoxydable. Ajoutez le lait et portez à ébullition. Dès qu'elle est atteinte, sortez la casserole du feu et laissez tiédir quelques minutes, le temps de battre les jaunes d'œufs et le sucre jusqu'à ce qu'ils forment une mousse pâle et volumineuse. Versez le lait dans cette mousse avec précaution, mélangez, remettez à feu doux en remuant toujours jusqu'à ce que la crème nappe la cuillère : vous avez reconnu la technique de la crème anglaise, dont vous avez tous les détails p. 91, c'est pourquoi je n'insiste pas.

★ Dès la crème anglaise retirée du feu, pressez vivement la gélatine entre vos doigts pour en chasser l'eau, jetez-la dans la crème et tournez jusqu'à ce qu'elle soit complètement fondue. Pressez le jus d'une orange, ajoutez-le à la crème et laissez refroidir.

★ Mettez ce temps à profit pour presser l'autre orange, mêler le rhum à ce jus, verser ce mélange dans une assiette creuse et en imbiber les biscuits dont vous chemiserez, l'un après l'autre, le fond et les bords d'un moule à charlotte. C'est très facile parce que les biscuits sont amollis. Vous devrez en couper quelques-uns à l'exacte dimension du fond, bien sûr.

★ Lorsque la crème est froide (mais pas encore « collée » par la gélatine, surveillez), faites la crème fouettée bien ferme (voir p. 65), et mélangez-la avec précaution à la crème anglaise en tournant de bas en haut avec une cuillère de bois.

★ Laissez prendre encore un peu à température ambiante avant de verser dans le moule (autrement les biscuits risqueraient de se mettre à nager). Tapez le moule sur la table afin de bien tasser la crème, et laissez travailler discrètement au réfrigérateur 4 heures au moins.

Vous n'aurez plus, au moment du dessert, qu'à couper ce qui dépasse de biscuits, démouler et servir nature cet entremets délicieux que l'on trouve généralement dans un état lamentable (sec, gélatineux, trop sucré et fade, agrémenté d'une vague sauce écœurante) mais qui, ici, fera l'unanimité du plaisir.

Soyez prévoyant avec l'entrée, car elle demande à macérer un peu.

1 Melon au safran

★ Lavez le riz dans une passoire fine, à grande eau froide, jusqu'à ce qu'elle soit claire (l'amidon est parti, votre riz ne collera pas et cuira très vite). Égouttez et jetez ce riz dans une casserole pleine d'eau bouillante salée, où il restera dans les tourbillons environ 7 minutes (seule la dent sait vraiment compter : il faut donc goûter et égoutter dès qu'il ne reste plus qu'une légère résistance au cœur du grain – c'est l'*al dente* italien). Mettez le riz bien égoutté dans un grand saladier, arrosez avec 1 c.s. d'huile et mélangez délicatement à la fourchette. Le temps de faire la sauce, ce sera refroidi.

★ Pressez la moitié du citron. Pelez et râpez le gingembre à la grille fine. Diluez le safran dans 1 c.s. d'eau bouillante, ajoutez 1 forte pincée de sel. Battez les yaourts au fouet à main dans un bol, ajoutez le jus de citron, le gingembre et le safran (à travers une passoire à thé si vous utilisez des filaments), le tout sans cesser de battre : vous obtenez une sauce d'un jaune ravissant.

★ Tranchez le melon en deux. Otez les graines. Prélevez toute la chair en boules de la grosseur d'une noix, soit avec une petite cuillère, soit avec un outil à « pommes parisiennes » (le quincailler devenu votre ami intime vous fournira l'article).

★ Mélangez la sauce au riz, délicatement, puis les boules de melon, et mettez au frais 2 heures au moins. Le riz achèvera de gonfler, il sera tendre à souhait. Les contrastes de saveurs et de couleurs sont vraiment réussis dans cette entrée originale, que vous pouvez faire aussi bien l'été avec un melon de Cavaillon.

Vos invités seront là dans 1 heure. Préoccupez-vous du plat de résistance.

2 Osso bucco aux agrumes

★ Salez et poivrez la viande, étalez la farine dans une assiette et enrobez-en les rouelles, puis secouez l'excédent.

★ Dans une lourde et vaste sauteuse, chauffez la moitié du beurre et 2 c.s. d'huile (à feu modéré à cause du beurre) et faites-y dorer la viande sur les deux faces. Pendant ce temps pelez l'oignon, l'ail, les échalotes, 1 carotte, hachez-les fin.

★ Lorsque la viande est dorée, réservez-la sur une assiette et versez à sa place dans la sauteuse le hachis de légumes et le bouquet garni. Baissez le feu au plus doux et faites suer 10 minutes, en remuant de temps en temps. Profitez-en pour laver et essuyer le citron et 1 orange et en gratter toute la peau avec votre zesteur, et presser ce même citron et les 4 oranges.

★ Lorsque le hachis est fondu, ajoutez dans la sauteuse les zestes, les jus et le vin, remontez le feu et faites bouillir en grattant les sucs au fond du récipient.

★ Versez les rouelles et leur jus. À reprise de l'ébullition, couvrez et laissez mijoter à feu doux 1 heure 30 minutes au moins (mais cela supporte un peu plus), c'est-à-dire jusqu'au moment du service.

★ Dès le couvercle posé, vous mettrez au feu une grande casserole à demi pleine d'eau salée et pèlerez, laverez et couperez les carottes en gros tronçons. Elles cuiront à l'eau bouillante 20 minutes environ, jusqu'à ce qu'une pointe de couteau les traverse facilement. Vous les égoutterez et les mixerez avec la crème, un peu de poivre et quelques râpures de muscade.

Avant de passer à table, vous mettrez à réchauffer au bain-marie la jatte de purée de carottes.
Juste avant de servir l'osso bucco, vous poserez les rouelles sur le plat de service et, pendant qu'il patiente à four doux (80 °C), ferez réduire la sauce à grand feu jusqu'à ce qu'elle soit légèrement sirupeuse, en remuant de temps en temps. Vous la verserez brûlante sur la viande et servirez aussitôt.

Vous verrez : tout le monde aime cette version hivernale d'un plat qui se fait classiquement avec des tomates, peu recommandables en hiver, et admirera vos capacités d'adaptation, celles-là mêmes qui permettent aux espèces de survivre.

★

Salade bressane
Oie rôtie à la choucroute
Blanc manger

★

Vous serez huit ce soir à dîner. C'est le moment ou jamais de faire une oie, volatile qui convient exactement à ces grandes tablées et qu'on hésite autrement à choisir parce qu'il n'est bon ni froid ni réchauffé.

Votre marché pour 8 personnes :

1 Salade bressane (préparation : 30 minutes ; cuisson : 20 minutes ; finitions : 10 minutes) : ▸ 16 foies de volaille ▸ 500 g de mâche ▸ 6 gros artichauts bien lourds, serrés et sans taches ▸ 1 grosse noix de beurre ▸ 3 c.s. de porto rouge ▸ 3 c.s. de vinaigre de Xérès ▸ huile d'arachide, huile de noix ▸ sel fin, poivre du moulin

2 Oie rôtie à la choucroute (préparation de la choucroute : 30 minutes ; de l'oie : 30 minutes ; des pommes : 10 minutes ; cuisson totale : 3 heures) : ▸ 1 oie de 3 kg, vidée, flambée et parée, avec sa graisse et ses abats ▸ 400 g de poitrine fumée, la moitié coupée en petits dés, l'autre en gros lardons ▸ 2 kg de choucroute crue, chez le meilleur charcutier alsacien ▸ 9 belles pommes reinette, ne se défaisant pas à la cuisson ▸ 1 citron ▸ 2 oignons ▸ 2 clous de girofle, 8 baies de genièvre, 8 grains de coriandre, 2 feuilles de laurier ▸ 1 bouteille de riesling ▸ sel fin, poivre du moulin ▸ 1 aiguille et du fil de cuisine

3 Blanc manger (préparation : 10 minutes la veille, 20 minutes en deux temps le jour même ; prise : 4 heures ; finitions : 10 minutes) : ▸ 200 g d'amandes en poudre ▸ 50 cl de lait frais entier ▸ 35 cl de crème fleurette ▸ 180 g de sucre semoule ▸ 4 feuilles de gélatine ▸ 2 gouttes d'extrait d'amandes amères ▸ 1 belle mangue bien mûre ▸ 2 kiwis à point ▸ 250 g de physalis (un petit fruit délicieux qu'on appelle aussi « amour en cage »)

Préparation totale du repas : 2 heures 30 minutes

Choisissez un vin d'Alsace frais pour accompagner ce dîner, riesling ou pinot blanc, et un muscat, toujours d'Alsace, pour le dessert.

★ ★ ★

Vous commencerez le dessert la veille au soir pour l'achever le lendemain matin, ainsi vous n'y penserez plus et pourrez vous consacrer à la lecture de ce que votre bibliothèque contient de textes médiévaux : nous avons là, en effet, l'une des plus anciennes douceurs attestées dans notre littérature, quoique sous une forme moins raffinée.

3 Blanc manger

★ Versez les amandes en poudre et le lait dans une casserole, mélangez et menez lentement à ébullition. Éteignez le feu, couvrez et laissez infuser jusqu'au lendemain.

★ Le lendemain, mettez au frais le matériel à crème fouettée (voir p. 65) et trempez la gélatine dans un bol d'eau froide. Réchauffez le lait d'amandes auquel vous aurez ajouté le sucre. À ébullition, passez le mélange à travers un fin chinois au-dessus d'une grande jatte, pressez rapidement les amandes du dos d'une cuillère afin d'en extraire tout le suc avant de les jeter, essorez vivement la gélatine entre vos doigts et jetez-la dans le liquide brûlant, mélangez à la cuillère de bois jusqu'à complète dissolution, ajoutez l'extrait d'amande amère, remuez encore et laissez refroidir à température ambiante, le temps d'aller au marché par exemple.

★ De retour du marché, faites une crème fouettée bien ferme (voir p. 65) et mélangez délicatement au lait refroidi, déjà un peu épaissi par la gélatine mais pas encore « pris ».

★ Versez le blanc manger dans 8 moules (des bols iront très bien si vous en manquez) et laissez au réfrigérateur 4 heures au moins.
Il ne vous restera plus, au moment du service, qu'à démouler sur les assiettes à dessert (voir p. 65), à peler la mangue et les kiwis et à les détailler en fines lamelles que vous répartirez artistement autour des entremets, et à orner ces éphémères chefs-d'œuvre des physalis dans leur robe chiffonnée. Ce sera ravissant, plein de vitamines et tout chargé de culture.

Ce que vous pouvez faire d'avance pour l'entrée est modeste, mais pas négligeable.

1 Salade bressane

★ Profitez d'un moment perdu pour nettoyer la mâche de ses feuilles jaunies et de ses radicelles, la laver très soigneusement (vous savez que cette délicieuse verdure a une tendance torve à conserver de la terre et du gravier dans ses replis) et la réserver dans l'essoreuse à salade ;

pour préparer, cuire et parer les artichauts (voir p. 83) et dégager des fonds bien nets qui attendront sous un torchon ; pour préparer dans un bol la sauce de la salade en diluant du sel et du poivre dans le vinaigre et le porto, et en émulsionnant le tout avec 10 c.s. d'huile de noix.

Vous mettrez la volaille en route 2 heures avant l'arrivée de vos invités.

2 Oie rôtie à la choucroute

★ Débarrassez l'oiseau des paquets de graisse qu'il conserve à l'intérieur de sa carcasse, coupez-les en petits morceaux et mettez-les dans une vaste cocotte. Faites fondre à feu très doux.

★ Lavez la choucroute dans une grande quantité d'eau froide, égouttez-la, lavez-la encore, à l'eau chaude cette fois. Égouttez à fond et épongez dans un torchon afin qu'il n'y ait plus d'eau du tout.

★ Pelez les oignons, piquez-les chacun d'un clou de girofle. Tournez la choucroute dans la graisse fondue de la cocotte, ajoutez les oignons, 1 feuille de laurier, le genièvre et la coriandre. Soyez modeste avec le sel et généreux avec le poivre. Versez la bouteille de vin blanc, hormis un grand verre que vous réservez. Couvrez. Laissez cuire 1 heure 30 minutes à petit feu, en remuant de temps en temps.

★ Sur une planche, coupez le foie, le cœur et le gésier de l'oie en tout petits dés. Pelez une pomme et coupez-la aussi en dés. Mélangez tout cela avec la moitié du lard en dés (j'ai l'impression de me répéter, pardon), du sel et du poivre. Introduisez cette farce à l'intérieur du volatile, ajoutez la feuille de laurier restante, cousez l'ouverture au fil de cuisine (en principe, vous possédez le matériel depuis la p. 156).

★ Allumez le four (240 °C). Frottez l'oie de sel et de poivre.Trente minutes avant la fin de la cuisson de la choucroute, posez le volatile dans la plaque du four et laissez-le dorer tout ce temps.

★ Faites blanchir les gros lardons 5 minutes à l'eau bouillante. Égouttez. Choisissez un grand plat de service qui supporte la chaleur du four. Versez-y la choucroute et les lardons, mélangez.

★ Baissez le four à 150 °C. Sortez l'oie toute dorée et posez-la sur la choucroute. Versez le vin réservé dans la plaque où a doré l'animal, posez sur un bon feu, faites bouillir 3 minutes en grattant les sucs à la spatule. Passez ce jus à travers un chinois. Versez-en la moitié sur l'oie, réservez le reste.

★ Couvrez le plat d'une grande feuille d'aluminium afin d'éviter tout dessèchement et glissez au four pour 1 heure 30 minutes encore, soit, si mes calculs sont exacts, le moment du service.

★ Il vous faut encore peler les pommes entières et les évider – si vous possédez le petit outil nécessaire (sinon ce n'est pas grave, je ne voudrais pas vous encombrer d'accessoires qui servent une fois dans l'année). Arrosez-les du jus du citron afin de les empêcher de noircir. Vous les ajouterez au plat qui sue dans le four, en les humectant du jus réservé, juste avant le coup de sonnette de vos amis.
Le moment venu, vous servirez le plat tel qu'il sort du four, répandant des effluves à défaillir, et vous découperez à table.

Une variante exquise consiste à remplacer la choucroute par du chou rouge compoté (voyez *Je ne sais pas cuisiner* si vous voulez). On conserve les pommes, bien sûr, mais on ajoute de la confiture d'airelles. C'est un plat de Noël à Berlin, je l'ai goûté la première fois dans un petit restaurant au milieu des bois de la Wannsee. C'était avant la réunification et c'était inoubliable.

Ne croyez pas que j'aie perdu de vue l'entrée. Vous la reprendrez sans précipitation ni lenteur quelques minutes avant l'arrivée de vos invités.

1 Salade bressane

★ Débarrassez les foies des filaments et des parcelles de graisse qui pourraient s'y trouver. Séparez les lobes. Préparez une poêle avec le beurre et 1 c.s. d'huile d'arachide.

Au moment de servir, vous chaufferez la poêle à feu assez vif, y ferez sauter 3 minutes les foies salés et poivrés qui doivent rester rosés à l'intérieur (attention à ne pas brûler le beurre !). Battez la sauce de la salade pour la réveiller un peu, versez dans le saladier contenant la mâche bien essorée, brassez à fond et garnissez 8 assiettes. Coupez les cœurs d'artichauts en lamelles et disposez-les sur la verdure. Répartissez les foies et dégustez aussitôt.

★

Salade aux gésiers
Blanquette de veau
Nougat glacé

★

Pas d'hiver supportable sans blanquette, ce triomphe de la tradition française que les gargotes malhonnêtes massacrent cyniquement et vendent à un prix prohibitif aux touristes abusés. En principe c'est un plat de pauvres, mais la liste des ingrédients est une preuve de plus que les Français préfèrent se priver de tout plutôt que de bonnes choses. Invitez une grande tablée, qui fondra de plaisir.

Votre marché pour 8 personnes :

1 Salade aux gésiers (préparation : 15 minutes ; finitions : 5 minutes) : ▸ 16 gésiers d'oie confits ▸ 600 g de verdures : épinard, rougette, feuille de chêne ▸ 1 petit bouquet de ciboulette, 1 d'estragon, 1 de cerfeuil ▸ vinaigre de vin rouge ▸ huile de noix ▸ sel fin, poivre du moulin

2 Blanquette de veau (préparation : 30 minutes en deux temps ; cuisson : 2 heures 30 minutes en trois opérations successives – viande, sauce, riz ; finitions : 5 minutes) : ▸ 1 kg 800 de veau : un tiers d'épaule, un tiers de tendron, un tiers de poitrine ▸ 300 g de petits champignons de Paris ▸ ~~100 g de petits oignons~~ ▸ 3 carottes ▸ 2 poireaux ▸ 2 gros oignons ▸ 1 branche de céleri ▸ 1 citron ▸ 1 petit bouquet de persil plat ▸ noix de muscade, 2 clous de girofle, 1 branche de thym, 1 feuille de laurier ▸ 400 de riz long grain, Camargue ou Madagascar ▸ ~~3 jaunes d'œufs~~ ▸ 15 cl de crème fraîche épaisse ▸ ~~150 g de beurre~~ ▸ 60 g de farine ▸ ~~50 cl de vin blanc sec~~ ▸ gros sel gris de Guérande, sel fin, poivre du moulin

3 Nougat glacé (préparation : 30 minutes ; prise : 4 heures ; coulis : 10 minutes) : ▸ 75 g d'amandes effilées ▸ 1 écorce d'orange, 1 de citron, 1 morceau de cédrat confit ▸ 4 blancs d'œufs à température ambiante ▸ 37,5 cl de crème fleurette ▸ 25 g de miel d'acacia ▸ 70 g de sucre semoule + 1 c.c. ▸ 1 verre à liqueur de rhum ambré ou de Grand-Marnier

Préparation totale du repas : 1 heure 35 minutes

Offrez un vin de Loire rouge (chinon, bourgueil, saumur-champigny) ou un blanc sec pour l'entrée et la blanquette. Vous accompagnerez le dessert d'eau plate glacée ou de champagne.

★★★

Nous commencerons comme si souvent par le dessert, qui a besoin de temps pour prendre au froid.

3 Nougat glacé

★ Mettez au réfrigérateur le nécessaire à crème fouettée (voir p. 65). Coupez les fruits confits en tout petits dés, que vous laisserez tremper dans le rhum ou le Grand-Marnier. Faites griller les amandes dans une poêle à feu vif, en remuant, et versez-les dans une assiette dès qu'elles sont dorées.

★ Mettez les blancs d'œufs dans une grande jatte. Dans une petite casserole, faites cuire les 70 g de sucre avec 2 c.s. d'eau. Battez les blancs en neige ferme, ajoutez la c.c. de sucre pour les soutenir, continuez à battre. Il s'est passé à peu près 4 minutes depuis que vous avez mis la casserole sur le feu et le sucre doit maintenant former de grosses bulles serrées – c'est le stade qui précède le caramel. Ajoutez le miel et laissez juste revenir à ébullition. Versez aussitôt en mince filet ce sirop sur les blancs, en continuant de battre 5 minutes après qu'il soit entièrement incorporé. Voilà, vous avez fait une meringue à l'italienne et vous êtes sorti victorieusement du seul moment un peu difficile de ce menu, parce qu'il demande prestesse et précision.

★ Fouettez la crème bien ferme (voir p. 65). Versez-la sur la meringue avec les amandes, les fruits confits et leur alcool. Mélangez le tout avec doigté, en soulevant la masse de bas en haut, afin de ne rien abîmer.

★ Versez cette délicatesse dans un moule dont je laisse le choix à votre fantaisie, et glissez-le 4 heures au moins au freezer. Démoulez sur le plat de service selon la méthode habituelle (voir p. 92) et conservez au freezer jusqu'au dernier moment cette glace fragile, qui se déliterait au réfrigérateur.
Vous savourerez nature, ou doperez le subtil nougat d'un coulis de groseilles que vous confectionnerez avec 500 g de fruits surgelés et dégelés et 100 g de sucre semoule (voir p. 65-66). Je vous déconseille fortement la crème anglaise : ce serait aussi fade qu'additionner deux couleurs pastel.

Attaquez le plat principal 2 heures et demie avant l'arrivée de vos convives.

2 Blanquette de veau

★ Épluchez les gros oignons et piquez-les chacun d'un clou de girofle ; épluchez et lavez les carottes et les poireaux débarrassés de la plus grande partie de leur vert, coupez en rondelles. Lavez le céleri, coupez-le en tronçons.

★ Dans une vaste cocotte, disposez les viandes découpées en morceaux de 50 g environ, les légumes préparés et le bouquet garni (3 branches de persil, thym, laurier), une petite poignée de gros sel et quelques tours de poivre, versez le vin blanc, ajoutez assez d'eau froide pour recouvrir les chairs, au moins 2 litres. Menez à ébullition sur feu moyen.

★ Dès les premiers bouillons il se forme une écume grisâtre à la surface du liquide. Otez-la à l'écumoire. Lorsque le liquide est propre, couvrez et laissez mijoter 1 heure et 30 minutes à petits bouillons.

Mettez ce temps à profit pour vérifier le bon ordre de votre logis, dresser la table, ordonner les apéritifs et avancer le reste de vos confections culinaires.

★ Préparez la garniture de la blanquette : pelez les petits oignons et posez-les dans une petite casserole avec 25 g de beurre. Coupez et jetez le pied terreux des champignons, lavez sous le robinet d'eau froide et épongez au papier absorbant. Posez-les dans une petite casserole avec 25 g de beurre et arrosez-les du jus de la moitié du citron afin de les empêcher de noircir. Dans une passoire fine, lavez le riz à grande eau froide jusqu'à ce qu'il ne laisse plus de traînées blanchâtres et laissez-le s'égoutter.

Menez à bien tous les préliminaires de l'entrée.

1 Salade aux gésiers

★ Épluchez les épinards en tirant la tige vers la feuille ; jetez les feuilles extérieures, trop dures, de la rougette et de la feuille de chêne, enlevez-en les côtes ; lavez à fond, réservez dans l'essoreuse à salade.

★ Faites la vinaigrette en émulsionnant dans un bol du sel fin, du poivre, 3 c.s. de vinaigre et 8 d'huile.

★ Posez les gésiers dans une poêle et laissez-les en attente.

★ Cinq minutes avant de passer à table, vous vous éclipserez à la cuisine pour achever : allumez un feu modéré sous les gésiers et couvrez la poêle. Essorez la salade à fond, mettez-la dans un saladier, battez un peu la vinaigrette assoupie pour la réveiller, versez-la sur la salade et brassez. Répartissez sur 8 assiettes.

★ Ciselez la ciboulette, l'estragon et le cerfeuil.

★ Otez les gésiers de leur graisse fondue, émincez-les sur une planche à découper et répartissez-les sur les verdures. Parsemez les herbes et servez.

Vos invités seront là dans 30 minutes et la cuisson du veau est achevée.

2 Blanquette de veau

★ Prélevez toute la viande à l'écumoire et réservez-la dans un récipient. Prélevez à la louche un litre de bouillon et versez-le dans une casserole pour la cuisson du riz. Prenez encore juste assez de bouillon pour en recouvrir les petits oignons qui attendent dans leur casserole. Poussez le feu sous la cocotte, afin de faire réduire ce qu'il y reste de bouillon à trois quarts de litre environ.

★ Pendant ce temps, allumez sous les petits oignons et sous les champignons. À ébullition des premiers, couvrez et laissez cuire 10 minutes à feu doux. Si le bouillon n'est pas totalement absorbé au bout de ce temps, laissez cuire encore à découvert jusqu'à ce que ce soit le cas (comme dirait Wittgenstein). Lorsque le beurre des seconds commence à grésiller, couvrez aussi et laissez 10 minutes à feu très doux. S'il restait un peu de liquide dans la casserole au bout de ce temps, prolongez encore un peu la cuisson à découvert. Laissez attendre oignons et champignons protégés de leurs couvercles.

★ Dans une dernière casserole (eh oui ! la blanquette épuise beaucoup de vaisselle), vaste celle-la, faites fondre le beurre restant à feu modéré, puis versez la farine en tournant à la spatule de bois ; laissez cuire 5 minutes à feu doux, en tournant toujours, puis ajoutez le bouillon réduit en le passant à travers un chinois, poussez un feu moyen, tournez jusqu'au premier bouillon. Ajoutez alors la viande qui commençait à s'ennuyer ferme, remuez encore jusqu'à ce que l'ébullition reprenne, éteignez le feu et couvrez. À ce moment précis vous entendez la sonnette de la porte d'entrée.

★ En quittant la cuisine avec l'entrée, allumez un feu moyen sous la casserole où cuira le riz et couvrez. Allumez un feu doux sous la blanquette.

★ À peu près au milieu de la dégustation des gésiers, passez un instant à la cuisine où vous trouverez bouillant le bouillon destiné au riz, jetez-y ce riz, poussez le feu, remuez prestement jusqu'à la reprise de l'ébullition puis couvrez et réglez un feu doux. Cela vous aura pris 2 minutes chrono et personne n'aura réalisé votre absence.

★ En desservant l'entrée, vérifiez que la blanquette frémit. Ajoutez-lui petits oignons et champignons. Changez le couvert. La suite ne souffre aucun délai.

★ Mélangez aux jaunes d'œufs la crème et quelques râpures de muscade puis, par petites quantités, une louche de sauce de la blanquette en battant au fouet à main. Éteignez le feu sous la blanquette, versez-y le contenu du bol, remuez à fond (une sauce liée au jaune d'œuf ne doit jamais bouillir, elle serait gâtée). Goûtez, rectifiez l'assaisonnement si nécessaire, ajoutez pour finir le jus du demi-citron restant.

Servez ce triomphe velouté accompagné de son riz orné de persil ciselé, un riz qui aura absorbé tout le bouillon et sera donc un peu gras, comme il se doit.

★

Le plat unique

La garbure au confit d'oie
Le dessert de roquefort

★

Notre premier plat unique est l'une des soupes les plus célèbres de la cuisine française, créée par le génie paysan du Béarn d'où nous vient aussi notre bon roi Henri IV, amateur de tous les plaisirs, associé pour l'éternité à la poule au pot dont nous parlerons tout à l'heure, et à l'édit de Nantes qui mit fin pour un temps à l'une de ces absurdes tueries dont notre espèce est si friande. Invitez beaucoup d'amis pour une fête à sa mémoire.

Votre marché pour 12 personnes :

2 La garbure au confit d'oie (préparation et cuisson : 2 heures 30 minutes, dont 30 minutes de préparation par courtes séquences) : ▸ 6 morceaux de confit d'oie ▸ 1 kg de lard de poitrine frais coupé en 12 tranches ▸ 600 g de haricots blancs, lingots ou soissons ▸ 2 choux verts pas trop gros, bien pommés ▸ 1 kg 500 de pommes de terre ▸ 6 carottes ▸ 6 navets ▸ 4 oignons ▸ 6 gousses d'ail ▸ 1 grand bouquet garni : 4 branches de persil, 2 de thym, 2 feuilles de laurier ▸ 12 tranches de pain de campagne rassis ▸ vinaigre ordinaire ▸ sel fin, poivre du moulin

3 Le dessert de roquefort et de fruits (préparation : 30 minutes pendant la cuisson de la soupe ; finitions : 10 minutes au dernier moment) : ▸ 1 kg 500 de raisin blanc, chasselas ou Italie, selon le moment ▸ 12 poires doyenné-du-comice ou beurré hardy, selon le moment, mûres à point ▸ 200 g de cerneaux de noix Franquette ▸ 600 g de roquefort ▸ 150 g de beurre mou ▸ 12 tranches de pain de campagne rassis ▸ 1 verre à liqueur de cognac ▸ poivre du moulin

Préparation totale du repas : 1 heure 10 minutes, mais il faut rester à la maison les 2 heures 30 minutes de cuisson de la soupe !

Choisissez pour ces saveurs fortes un vin rouge soutenu : madiran ou cahors.

★ ★ ★

Attaquez comme convenu 2 heures 30 minutes avant l'arrivée de votre horde d'amis. L'unique difficulté est la dimension pantagruélique des récipients : il vous faut notamment un faitout de 12 litres ou deux de 6 (dans ce cas, répartissez soigneusement les ingrédients par moitié), une énorme soupière (ou plusieurs) et un (ou des) plat(s) à l'avenant. Empruntez éventuellement au restaurant du quartier où vous avez vos habitudes. Prévoyez aussi la vaisselle nécessaire : tout le monde ne possède pas forcément 12 assiettes à soupe. C'est mon cas. J'emprunte. Vérifiez aussi le nombre de couverts dont vous disposez.

2 La garbure au confit d'oie

★ Mettez les haricots dans une casserole, recouvrez-les d'eau froide. Menez doucement à ébullition et faites cuire 30 minutes à tout petits bouillons. Égouttez.

★ Versez les haricots dans le faitout, ajoutez le lard, le bouquet garni, et 8 litres d'eau froide. Menez à ébullition. Otez à l'écumoire la mousse grise qui se forme dans les premiers bouillons, puis baissez le feu, couvrez et laissez cuire 1 heure.

★ Pendant ce temps, pelez les oignons, pelez et lavez les carottes et les navets, coupez tous ces légumes en deux. Otez les feuilles extérieures des choux, trop coriaces, ainsi que les trognons en creusant en cône, lavez dans une grande quantité d'eau vinaigrée. Égouttez. Coupez chaque chou en 8 quartiers. Pelez et lavez les pommes de terre. Pelez l'ail.

★ Après 1 heure de petite ébullition des haricots, ajoutez tous ces légumes dans le faitout et poussez le feu au plus vif. À reprise de l'ébullition, écumez à nouveau. Baissez le feu, couvrez et entretenez un petit bouillonnement 1 heure encore.

Faites une parenthèse pour les préparatifs du dessert.

3 Le dessert de roquefort

★ Lavez et égouttez le raisin, disposez-le dans des coupes ou des corbeilles avec les poires (pensez aux natures mortes du XVIIe siècle pour trouver le style de votre arrangement). Hachez grossièrement les cerneaux de noix sur une planche à découper. Travaillez le beurre à la cuillère de bois dans un grand saladier. Écrasez le roquefort à la fourchette dans une assiette. Incorporez au beurre le roquefort, puis le cognac, puis les noix, puis quelques tours de moulin à poivre. Travaillez bien le mélange après chaque ajout. Laissez en attente à température ambiante.

Au moment du dessert, vous allumerez le grill du four, mettrez à dorer sur leurs deux faces 12 tranches de pain de campagne et tartinerez le pain brûlant du mélange au roquefort. Chacun croquera sa tartine à belles dents, entrecoupée de suaves bouchées de poire et de raisin.

La deuxième heure de cuisson de la soupe béarnaise est achevée.

2 La garbure au confit d'oie

★ Ajoutez le confit d'oie débarrassé au maximum de sa graisse, chaque membre coupé en 2 morceaux. Goûtez le bouillon, salez et poivrez au besoin. Cuisez encore 30 minutes.

★ Servez le bouillon en soupière(s), les viandes et les légumes dans un ou plusieurs plats creux. Chacun déposera dans son assiette une tranche de pain de campagne, l'arrosera de bouillon et se servira du reste comme il l'entend.

Ce dîner aussi simple que généreux restera dans la mémoire de vos convives parce qu'il est tout imprégné de civilisation, de tradition authentique et d'honnête amitié.

★

La potée aux lentilles
Le flan de poires

★

Toujours dans la catégorie rustique du bouilli, voici un plat pour lequel on vendrait non seulement son droit d'aînesse, mais tout le reste aussi tant il est irrésistible. Offrez-le à vos amis mais évitez de profiter de leur dépendance et de leur faiblesse momentanées.

Votre marché pour 6 personnes :

2 **La potée aux lentilles** (préparation et cuisson : 2 heures 30 minutes, dont 15 minutes de préparation) ▸ 1 palette de porc demi-sel d'1 kg 500 ▸ 600 g de lard de poitrine demi-sel ▸ 1 saucisse de Morteau ▸ 600 g de lentilles vertes du Puy ▸ 4 carottes ▸ 3 oignons ▸ 2 gousses d'ail ▸ 2 bouquets garnis, chacun comportant 2 branches de persil plat, 1 de thym, 1 feuille de laurier ▸ 3 clous de girofle ▸ sel fin, poivre en grains et du moulin

3 **Le flan de poires** (préparation : 20 minutes ; cuisson : 1 heure 30 minutes) : ▸ 1 gousse de vanille Bourbon ▸ 4 poires bien mûres, doyenné-du-comice ou beurré hardy ▸ 50 cl de lait frais entier ▸ 50 cl de crème fleurette ▸ 1 noix de beurre ▸ 6 œufs entiers et 2 jaunes ▸ 200 g de sucre semoule

Préparation totale du repas : 35 minutes, mais il faut rester à la maison les 2 heures 30 minutes de cuisson de la potée !

Un côtes-du-rhône rouge accompagnera parfaitement la potée. Un vin doux naturel pas trop aromatique, un rivesaltes par exemple, sera plus adapté à votre dessert.

★ ★ ★

Faites le dessert le matin pour le soir afin qu'il soit tout à fait refroidi.

3 Le flan de poires

★ Menez à ébullition dans une casserole le lait et la crème auxquels vous aurez ajouté le sucre et la gousse de vanille fendue en deux dans sa longueur. Dès le premier bouillon, ôtez du feu et laissez infuser.

★ Beurrez un grand moule à manqué ou à soufflé. Allumez le four (120 °C).

★ Pelez les poires, ôtez-en le cœur, coupez chaque quartier en lamelles assez épaisses que vous ferez tomber dans le moule beurré.

★ Battez les œufs sans insistance dans une grande jatte. Râclez au couteau les grains de la gousse de vanille, mélangez-les au contenu de la casserole que vous verserez sur les œufs, par petites quantités au début, plus largement ensuite, en remuant constamment.

★ Versez cet appareil sur les poires à travers un chinois. Posez le moule dans la plaque du four que vous remplirez d'eau très chaude afin d'avoir un bain-marie. Enfournez à mi-hauteur pour 1 heure 30 minutes. Vérifiez la cuisson à la lame de couteau, qui doit ressortir du cœur du flan humide mais sans trace crémeuse. Prolongez la cuisson si nécessaire, toujours à chaleur modérée : les œufs ne doivent pas bouillir, ils perdraient leur moelleux et ce serait raté.

Vous laisserez refroidir dans le moule à température ambiante (surtout pas au réfrigérateur, grands dieux !) et démoulerez au moment de servir, en passant un couteau le long des bords. Cette suavité se coupe en tranches comme un gâteau. Vous pouvez l'enrichir encore en offrant des biscuits croustillants, de petites tuiles à l'orange par exemple.

Avant de vous mettre à la potée vous devrez vous documenter : faut-il ou non trier les lentilles (c'est-à-dire les éparpiller sur un grand plateau et ôter avec patience les petits cailloux qui peuvent s'y trouver) ? Faut-il ou non les faire tremper ? Suivez à la lettre les recommandations du détaillant ou de l'emballage. Faut-il ou non faire dessaler la palette et le lard ? Demandez à votre charcutier. Supposons ces problèmes résolus 2 heures 30 minutes avant le repas.

2 La potée aux lentilles

★ Lavez à grande eau froide et épongez la palette et le lard (ceci est évidemment inutile si vous avez fait tremper). Posez-les dans votre grand faitout. Versez 3 litres d'eau froide et menez à ébullition.

★ Pendant que chauffe le contenu du faitout, pelez les carottes, les oignons et l'ail. Coupez les carottes en rondelles épaisses, piquez chaque oignon d'un clou de girofle.

★ À ébullition du faitout, ôtez soigneusement à l'écumoire la mousse grise qui se forme, puis ajoutez les carottes, l'ail, 2 oignons, une dizaine de grains de poivre et 1 bouquet garni. À reprise de l'ébullition, baissez le feu, couvrez et laissez cuire à petits bouillons 1 heure 30 minutes.

★ À ce moment ajoutez la saucisse de Morteau dans le faitout, non sans l'avoir piquée de toutes parts à l'aide d'une grosse aiguille : ainsi sa peau n'éclatera pas et l'excédent de gras que cette charcuterie pourrait contenir ira dans le bouillon et non dans les artères des dîneurs. Laissez encore bouillonner tout doucement 1 heure.

★ En même temps mettez les lentilles dans une grande casserole, recouvrez-les d'eau froide, menez à ébullition. Dès qu'elle est atteinte, égouttez et remettez vivement les lentilles dans la casserole, couvrez-les de bouillon prélevé dans le faitout, ajoutez l'oignon et le bouquet garni restants. Cuisez à petit feu 45 minutes, en ajoutant du bouillon de temps en temps pour que les lentilles en soient toujours couvertes.

Les cuissons sont achevées. Goûtez et salez si nécessaire. Égouttez les lentilles et versez-les dans un grand plat creux en les débarrassant de leurs aromates, égouttez le contenu du faitout en recueillant le bouillon, découpez les viandes et disposez-les sur les lentilles, arrosez d'un peu de bouillon.

Servez ce plat généreux avec de belles tranches de pain de campagne et de la moutarde forte. S'il se trouve des amateurs, offrez le bouillon en tasses après l'avoir réchauffé et versé dans une passoire garnie d'un fin torchon mouillé et bien essoré, afin de le dégraisser. Vos invités auront de quoi affronter le blizzard qui les attend dehors.

★

Le goulash et sa purée
La terrine d'agrumes

★

Voici un menu qui se porte très bien d'être presque entièrement confectionné la veille et qui, en outre, prendra très peu de votre temps. Réservez-le donc à ces périodes où tout vous décourage. Le plaisir qu'il procurera à vos invités vous réconciliera avec la vie.

Votre marché pour 4 personnes, la veille de votre dîner :

2 **Le goulash et sa purée** (La veille : préparation : 30 minutes ; cuisson : 3 heures. Le jour même : préparation de la purée : 30 minutes en deux temps ; réchauffage et cuisson des pommes de terre : 30 minutes) : ▸ 1 kg de plat-de-côtes découvert désossé et dégraissé, en morceaux de 50 g environ ▸ 2 c.s. de saindoux ▸ 1 kg de pommes de terre bintje ▸ 4 grosses tomates du Maroc (passables en hiver) ou 1 boîte d'1 kg de tomates au naturel, de la meilleure marque italienne ▸ 2 gros oignons ▸ 1 bouquet garni : persil, thym, laurier ▸ 250 g de crème fraîche épaisse ▸ 25 cl de crème fleurette et 50 g de beurre ▸ 1 grosse c.s. de farine ▸ 1 grosse c.s. de paprika doux de Hongrie ▸ 1 c.c. de cumin en poudre ▸ noix de muscade ▸ gros sel gris de Guérande, sel fin, poivre du moulin

3 **La terrine d'agrumes** (préparation : 45 minutes ; prise : 4 heures au moins) : ▸ 3 oranges blondes fines à jus ▸ 2 oranges navel ▸ 2 oranges sanguines ▸ 2 pamplemousses roses ▸ 2 pamplemousses jaunes ▸ 2 citrons verts ▸ 1 citron jaune ▸ 200 g de gelée d'orange de très bonne qualité ▸ 100 g de sucre semoule ▸ 5 feuilles de gélatine

Préparation totale du repas : 30 minutes la veille et 1 heure 15 minutes le jour même, ou 1 heure 15 minutes la veille et 30 minutes le jour même (selon le moment où vous confectionnez le dessert)

Je tenterais un vin de Hongrie pour le goulash, après une sérieuse dégustation chez le spécialiste. Le dessert ne s'accommode que d'eau fraîche ou de champagne vineux.

★ ★ ★

Commençons la veille par le plat unique (comme beaucoup de ragoûts, la daube par exemple, ce plat est bien meilleur réchauffé).

2 Le goulash et sa purée

★ Chauffez le saindoux à feu moyen dans une cocotte. Faites-y revenir sans hâte la viande de tous côtés. Pendant ce temps pelez et émincez les oignons, égouttez les tomates si elles sont en conserve ou pelez et épépinez-les si elles sont fraîches (voir p. 69). Concassez-les grossièrement dans les deux cas.

★ Lorsque la viande ne lâche plus de jus et qu'elle est saisie de tous côtés, ôtez-la à l'écumoire et réservez-la dans un plat. Versez les oignons à sa place dans la cocotte et faites-les fondre en remuant de temps en temps jusqu'à ce qu'ils soient nacrés. Puis reversez la viande et son jus, augmentez le feu et faites blondir à peine, en prenant soin de remuer pour que rien n'attache ni ne brûle.

★ Saupoudrez de farine et remuez soigneusement, faites de même avec le paprika et le cumin. Laissez reposer hors du feu 2 minutes à couvert afin que les épices développent leurs parfums.

★ Remettez la cocotte à feu moyen avec les tomates et le bouquet garni. Salez et poivrez généreusement. Versez assez d'eau bouillante pour affleurer les chairs. À la reprise de l'ébullition baissez le feu au maximum, couvrez et laissez cuire 3 heures à petits bouillons constants. Au bout de ce temps éteignez le feu et laissez à température ambiante. Dans l'intervalle, rien ne vous empêche de vous gratifier d'un verre de tokay si vous flanchez nerveusement.

★ Le lendemain, un quart d'heure avant l'arrivée de vos invités, commencez la purée : pelez et lavez les pommes de terre, coupez-les en gros morceaux et posez-les dans une casserole où vous les recouvrirez d'eau froide et jetterez un peu de gros sel. Portez à grande ébullition pour 20 à 30 minutes (vérifiez la cuisson de la pointe d'un couteau).

★ Pendant ce temps, mettez la crème fleurette à tiédir et le beurre à fondre dans une petite casserole. Mettez aussi le goulash à réchauffer à feu doux.

★ Égouttez les pommes de terre, passez-les au moulin à légumes équipé de sa grille moyenne au-dessus d'une terrine, arrosez du mélange de crème et de beurre, ajoutez quelques râpures de muscade, mélangez à fond à la cuillère de bois, mais sans trop travailler, ce qui rendrait la purée collante et élastique.

Vous servirez le goulash avec la crème fraîche bien froide et la purée brûlante. Je tiens à vous signaler que cet accompagnement voluptueux supporte le bain-marie, tranquillisant par excellence : vous pouvez donc, si cela vous rassure, le confectionner 1 heure avant l'arrivée de vos invités et le tenir au chaud pendant le réchauffage du ragoût.

Passons au dessert, dont la simplicité vous évitera toute anxiété (rien ne vous empêche de le faire la veille, si vous préférez).

3 La terrine d'agrumes

★ Mettez les feuilles de gélatine à ramollir dans un bol d'eau froide. Pelez à vif les navels, les sanguines, les citrons verts, les pamplemousses, prélevez les quartiers de tous ces fruits et réservez-les dans un plat (voir p. 78). Pressez entre vos doigts leurs cloisons au-dessus d'une casserole pour en extraire le jus. Pressez 2 oranges blondes et le citron jaune, ajoutez leur jus dans la casserole ainsi que le sucre. Mettez la casserole à chauffer, essorez la gélatine entre vos doigts et mélangez-la hors du feu au liquide chaud, en tournant à la cuillère de bois jusqu'à ce qu'elle soit dissoute. Posez la casserole dans de l'eau additionnée de glaçons afin que, le jus refroidissant, la gelée commence à prendre.

★ Lorsque le jus a épaissi, versez-en un fond dans un moule à cake antiadhésif de dimensions adaptées. Répartissez dessus une couche de quartiers de fruits, en veillant à la beauté de l'arrangement et des couleurs. Recouvrez de gelée, puis de quartiers, et ainsi de suite jusqu'à épuisement des ingrédients, en terminant par la gelée. Mettez au réfrigérateur pour 4 heures au moins.

Vous démoulerez la terrine sur un plat à cake (voir p. 65) et servirez bien froid, en tranches coupées au couteau bien affûté. Vous offrirez en même temps un coulis confectionné 1 heure avant le dîner, en faisant fondre à feu doux la gelée d'orange et en la mélangeant avec le jus du dernier fruit restant. Versez ce coulis en saucière et mettez-le au frais.

Ce dessert est d'autant plus reconstituant que le champagne décuple l'effet de la vitamine C, dont il est truffé.

★

Le chou farci
Le riz aux abricots

★

On ne mange plus guère de chou farci, qui est pourtant un plat unique parfait. On recule probablement devant le temps qu'il faut pour le préparer (mais c'est une manie de toujours aller vite) et le cuire (mais on peut fort bien en profiter pour se promener), et on a peur des calories (mais il en faut l'hiver, et elles sont ici très raisonnables). Dites « chou farci » n'importe où, à n'importe qui, vous verrez l'œil s'illuminer et la lèvre devenir humide. Je pense vous avoir convaincu. Allons-y, donc, et sans barguigner.

Votre marché pour 6 personnes :

2 **Le chou farci** (préparation : 1 heure sans vous hâter ; cuisson : 2 heures) : ▸ 200 g de jambon cru haché (demandez un talon ou des chutes) ▸ 200 g de chair à saucisse ▸ 300 de chair de veau ou de restes de viande : poulet, veau, lapin rôtis, bœuf bouilli, à hacher fin dans tous les cas ▸ 1 toilette de porc ou crépine pour envelopper le chou (chez votre charcutier) ▸ 1 très beau chou vert à feuilles frisées, dit « de Milan ». Il sera plus savoureux d'avoir passé les premières gelées, et plus tendre d'être cueilli depuis quelques jours ▸ 1 kg de carottes ▸ 1 gros bouquet de persil ▸ 4 échalotes ▸ 4 gros oignons ▸ 1 c.c. de feuilles de thym ▸ 2 œufs ▸ 1 verre de lait ▸ 50 g de beurre ▸ 1 grosse tranche de pain rassis dont vous aurez enlevé la croûte ▸ 1 grand verre de vin blanc sec ▸ 1 verre de vinaigre ordinaire ▸ huile d'olive ▸ gros sel gris de Guérande, sel fin, poivre du moulin

3 **Le riz aux abricots** (pas de préparation ; cuisson : 1 heure ; finitions : 15 minutes) : ▸ 500 g d'abricots secs de Grèce ou de Turquie ▸ 125 g de riz rond du Pô (*arborio superfino*) ▸ 1 litre de lait frais entier ▸ 200 g de crème fraîche épaisse ▸ 150 g de sucre semoule

Préparation totale du repas : 1 heure 15 minutes

Un premières-côtes-de-bordeaux rouge ira très bien avec le farci. Avec le dessert, il me semble que rien n'est possible fors l'eau !

★ ★ ★

Faites le dessert dès le matin : un brin de nonchalance sied à sa sensualité orientale.

3 Le riz aux abricots

★ Posez les abricots dans une casserole avec la moitié du sucre et de l'eau froide à mi-hauteur des fruits. Menez à ébullition sur feu très doux, puis laissez refroidir couvert à température ambiante, en remuant deux ou trois fois avec délicatesse afin que tous les fruits se gonflent également du sirop.

★ Cuisez le riz : chauffez le lait dans une casserole jusqu'à ébullition, versez le riz, remuez jusqu'à la reprise des bouillons, baissez le feu au plus doux de façon à maintenir une infime ébullition, couvrez et laissez cuire ainsi 1 heure. Cinq minutes avant la fin de la cuisson, mélangez le reste du sucre. Laissez refroidir couvert à température ambiante.

★ En fin d'après-midi, lorsque vos deux préparations auront tranquillement refroidi, mélangez la crème fraîche au riz et coupez chaque abricot en quatre. Gardez-en six entiers pour la décoration. Répartissez les quarts d'abricots et ce qui reste de jus dans six coupes individuelles, le riz au lait par-dessus, et décorez avec les abricots réservés. Ce dessert d'une suavité inouïe ne doit pas passer par le réfrigérateur.

Faites le chou quand vous voudrez : il peut très bien se réchauffer. Vous savez qu'il lui faut 3 heures en tout.

2 Le chou farci

★ Supprimez le trognon et creusez-le en cône au plus profond, à l'aide d'un bon petit couteau d'office. Otez et jetez les 3 ou 4 très grosses feuilles extérieures. Remplissez l'évier d'eau froide, ajoutez le vinaigre, plongez le chou tête en bas dans ce liquide discrètement corrosif qui tuera les petits parasites installés entre les feuilles. Laissez tremper 15 minutes et égouttez.

★ Prenez un faitout, posez-y le chou, recouvrez-le d'eau froide, ajoutez une petite poignée de gros sel et menez à ébullition. Laissez bouillir 20 minutes. Votre chou sera ainsi blanchi : il s'assouplira et perdra son goût trop fort. Si vous souhaitez éviter que tout votre logement prenne un parfum prononcé, ajoutez dans le faitout un croûton de pain qui atténuera l'odeur. Sortez le chou du faitout à l'aide de deux écumoires, très délicatement pour ne pas l'abîmer, et égouttez tête en bas pendant que vous préparez la farce.

★ Mettez la mie de pain dans un bol, arrosez du verre de lait. Lavez, épongez et équeutez le bouquet de persil, hachez toutes ses feuilles.

Pelez l'ail. Battez les œufs à la fourchette dans un bol. Laissez tout cela en attente.

★ Pelez et hachez les échalotes. Faites-les fondre dans une grande poêle où vous aurez mis à chauffer la moitié du beurre et 1 c.s. d'huile à feu modéré. Quand elles sont blondes, ajoutez les trois viandes hachées et cuisez 15 minutes sans cesser de remuer, en écrasant soigneusement les amas qui peuvent se former. Versez le contenu de la poêle dans un grand saladier, ajoutez le thym, la mie de pain essorée et émiettée entre vos doigts, l'ail pressé au presse-ail, le persil, les œufs, un peu de sel et beaucoup de poivre. Mélangez soigneusement à la main.

★ Rincez et épongez la crépine. Étalez-la sur votre plan de travail, planche ou table de cuisine, et posez le chou en son centre. Écartez soigneusement les feuilles, une par une, jusqu'à atteindre le cœur. Remplacez ce cœur par une bonne cuillerée de farce, sur laquelle vous rabattrez les feuilles voisines. Tartinez ces dernières d'un peu de farce, rabattez les feuilles suivantes, et ainsi de suite jusqu'à épuisement de la farce. La dernière couche sera bien sûr de feuilles non tartinées. Enveloppez le chou avec la crépine, qui le maintiendra en forme (traditionnellement on ficelle en croix le chou farci, mais c'est un tour de main un peu difficile et je ne vois pas pourquoi je vous l'imposerais puisqu'on peut faire autrement).

★ Épluchez, lavez et coupez en rondelles 4 carottes. Épluchez et émincez les oignons. Dans une cocotte assez grande pour contenir le chou, chauffez le reste du beurre et 1 c.s. d'huile, roulez-y les carottes et les oignons et laissez suer quelques minutes à feu modéré. Posez le chou. Versez le vin blanc. À ébullition couvrez la cocotte et cuisez 1 heure 30 minutes à 2 heures à petits bouillons, en prenant garde de ne pas brûler le fond. Vous pouvez aussi cuire au four (180°) pour le même temps, si votre cocotte le supporte. Dans les deux cas, ajoutez autour du chou à mi-cuisson le reste des carottes pelées, lavées et coupées en tronçons.

Vous porterez la cocotte à table, ôterez le couvercle et entendrez un grand soupir d'aise lorsque le fumet se répandra. Vous servirez coupé en quartiers, comme s'il s'agissait d'une citrouille, digne ici de Cendrillon.

★

La poule au pot
Les croustillants de fruits secs

★

Le dernier menu de la mauvaise saison est un hymne au Vert-Galant, notre cher Henri IV, aussi redoutable pour la vertu des femmes qu'intelligent souverain : sa poule au pot du dimanche contribua puissamment à la paix sociale, et je trouve incompréhensible que si peu d'états modernes en aient compris la leçon. J'ai accompagné ce chef-d'œuvre politique d'un dessert à mourir de plaisir, qu'il aurait aimé.

Votre marché pour 6 personnes :

2 La poule au pot (préparation et cuisson : 1 heure 30 minutes à 3 heures selon ce que vous dira votre volailler, dont 1 heure de préparation en plusieurs séquences) : ▸ 1 belle poule avec ses abats ▸ 1 jarret de veau ▸ 1 pied de veau fendu en deux ▸ 1 saucisson de Lyon à cuire (pistaché si vous aimez) ▸ 200 g de jambon cru haché (un talon de Bayonne par exemple) ▸ 1 kg de carottes ▸ 1 kg de pommes de terre (charlotte par exemple) ▸ 500 g de navets ▸ 6 poireaux ▸ 1 branche de céleri ▸ 2 oignons ▸ 2 gousses d'ail ▸ 1 gros bouquet de persil plat ▸ 1 gros bouquet garni : 4 branches de persil, 2 de thym, 2 feuilles de laurier ▸ 1 grosse tranche de pain de campagne dont vous ôterez la croûte ▸ 1 verre de lait ▸ 2 œufs ▸ 1 verre à moutarde de vinaigre ordinaire ▸ huile d'arachide ▸ 2 clous de girofle, gros sel gris de Guérande, sel fin, poivre en grains et du moulin ▸ 1 aiguille et du fil de cuisine

3 Les croustillants de fruits secs (trempage : 30 minutes ; préparation : 30 minutes en deux temps ; cuisson : 1 heure ; finition : 20 minutes) : ▸ 300 g de figues de Turquie ▸ 200 g d'abricots secs de Turquie ▸ 100 g d'écorces d'oranges confites ▸ 100 g de miel liquide ▸ 12 feuilles de filo ou de brick ▸ 50 g de beurre

Préparation totale du repas : 1 heure 50 minutes, mais il faut rester à la maison le temps de cuisson de la poule !

J'offrirais un vin blanc avec ce repas, un chardonnay non boisé par exemple.

★★★

Le temps de cuisson de la poule au pot est variable suivant l'âge et la tendreté du volatile. Ayez une conversation sérieuse à ce propos avec votre volailler, vous saurez organiser votre agenda du jour.

2 La poule au pot

★ Préparez la farce : mettez la mie de pain à tremper dans le lait ; battez les œufs en omelette dans un bol ; lavez, épongez, effeuillez et hachez le persil (à l'exception des branches réservées pour le bouquet garni) ; pelez l'ail ; hachez le foie, le cœur et le gésier de la poule. Dans un saladier, mettez le jambon cru, ajoutez la mie de pain pressée et émiettée entre vos doigts, l'ail pressé à la machine *ad hoc*, les œufs, le persil haché, un peu de sel et beaucoup de poivre. Mélangez soigneusement à la main. Remplissez la poule de cette farce, cousez l'ouverture.

★ Dans votre plus grand faitout mettez 5 litres d'eau froide, ajoutez le pied de veau, 1 carotte pelée, lavée et coupée en rondelles, la branche de céleri lavée et coupée en tronçons, le vert lavé d'un poireau, les oignons pelés et piqués chacun d'un clou de girofle, le bouquet garni, une petite poignée de gros sel et 1 c.c. de grains de poivre.
Menez à ébullition. Vous ajouterez les viandes dans l'ordre de leur besoin de cuisson : la poule selon les consignes du volailler, le jarret pour 2 heures. Le saucisson ne demande que 30 modestes minutes, vous l'ajouterez donc en dernier après l'avoir piqué partout de petits coups d'aiguille, afin que sa peau n'éclate pas. Otez chaque fois à l'écumoire la mousse grisâtre qui se forme à la reprise de l'ébullition, puis baissez le feu pour entretenir à couvert un petit bouillonnement.

★ Vous préparerez les légumes de façon à ce qu'ils soient parés 1 heure avant la fin de la cuisson des viandes. Otez les radicelles, la première peau et le vert des poireaux, lavez soigneusement. Pelez les navets et les carottes, ôtez les extrémités, lavez. Pelez les pommes de terre, lavez également.

★ Une heure avant la fin de la cuisson des viandes (donc une petite demi-heure avant l'arrivée de vos convives), ôtez à la grande cuillère la graisse qui s'accumule contre les bords du faitout, et prélevez assez de bouillon pour en remplir à demi une autre casserole, où vous mettrez à cuire, dès la reprise de l'ébullition, les carottes, les poireaux, les pommes de terre et les navets.

Tout sera à point en même temps. Vous égoutterez les légumes que vous rangerez dans un grand plat, et disposerez au centre la poule et le jarret, entourés du pied de veau fragmenté et du saucisson en tranches. Offrez en même temps du pain de campagne, des moutardes, des cornichons, des oignons au vinaigre, du gros sel, bref, les petits accompagnements du pot-au-feu. Vous découperez le jarret et la poule à table, et n'oublierez pas de servir chacun d'une belle cuillerée de farce.

Ne jetez pas le bouillon, dont certains de vos convives peuvent apprécier une tasse et avec lequel vous pourrez faire le lendemain un excellent risotto. Vous pourrez aussi, dans l'improbable éventualité où il resterait quelque chose de ce plat de roi, ranger artistement ce quelque chose dans un saladier et le recouvrir de bouillon dégraissé, qui prendra en gelée au réfrigérateur le temps de la nuit et vous tiendra lieu, avec une salade, de dîner du lendemain.

Le dessert n'est rien à faire mais il a besoin de temps. Préparez-le lorsque vous aurez 2 heures devant vous, soit avant la mise en train de la poule au pot, soit pendant sa cuisson.

3 Les croustillants de fruits secs

★ Mettez les figues et les abricots à gonfler 30 minutes dans de l'eau tiède. Égouttez-les et coupez-les en lanières. Versez-les dans une casserole avec les écorces d'orange coupées en menus morceaux et 75 g de miel. Mettez à feu doux, en remuant de temps en temps à la spatule de bois, jusqu'à ce que cela forme une sorte de compote épaisse et tendre, ce qui prendra 1 heure environ. Ajoutez en cours de cuisson, si besoin est, de l'eau bouillante avec parcimonie.

★ Faites fondre le reste du miel avec le beurre, badigeonnez de ce mélange, au pinceau, les feuilles de filo ou de brick. Répartissez la compote en minces rectangles au milieu de 6 feuilles, en laissant les bords sans garniture, recouvrez-les exactement des 6 autres feuilles, côté beurré contre les fruits. Repliez ensemble les 2 feuilles de chaque croustillant, sur les quatre côtés, pour former un paquet. Déposez ces paquets sur la tôle du four huilée au pinceau.

Au moment de passer à table, vous glisserez au four préchauffé (180 °C) pour 15 à 20 minutes, jusqu'à un beau doré, et dégusterez tiède ce dessert délectable.

★

L'impromptu

Je ne vous quitterai pas en pleine saison ingrate sans vous livrer quelques idées de plus, qui vous permettront de faire face à toute éventualité et, en particulier, de répondre à l'inattendu d'une façon plus aimable qu'à coups de conserves stockées lugubrement au fond d'un placard.

★★★

Ayez toujours de quoi offrir un en-cas : un bon roquefort avec du chasselas ou des poires, accompagné d'un verre de meursault, un comté bien fruité avec des noix et un vin jaune du Jura, un fromage de Hollande hors d'âge avec un porto vintage, font des casse-croûtes roboratifs, à la fois rustiques et raffinés. Et puisque nous en sommes à parler de fromages, essayez donc (vous m'en direz des nouvelles !) :

la tomme de brebis et sa confiture

Pour 6 à 8 personnes (voyez grand, c'est très apprécié) :

▸ 1 quart de tomme de brebis (Corse, Béarn ou Pays basque) ▸ 1 kg de poires goûteuses, mûres mais fermes ▸ 300 g de figues sèches de Turquie ▸ 300 g d'oranges sanguines non traitées, maltaises par exemple ▸ 350 g de cassonade

Préparation et cuisson : 2 heures

Lavez et essuyez soigneusement les oranges, posez-les sur une planche et coupez-les en deux dans leur hauteur, puis en fines lamelles. Versez-les avec le jus qui s'est échappé dans une grande casserole inoxydable. Coupez les figues en grosses lanières, en leur ôtant la queue, ajoutez aux oranges. Pelez, coupez en quartiers et épépinez les poires, détaillez-les en cubes, versez dans la casserole. Ajoutez la cassonade en pluie. Portez à ébullition, mélangez délicatement à la cuillère de bois et laissez cuire 1 heure 30 minutes à découvert et à feu doux.
Servez refroidi avec des tranches de fromage et un jurançon blanc.
Cette « confiture », qui est en réalité une compote confite, se conserve une quinzaine de jours au réfrigérateur, mais il est rare qu'on l'entame sans la finir.

★

Voici une préparation merveilleuse qu'on peut avoir constamment sous la main dans un coin de son réfrigérateur, et qui fait une collation à elle toute seule :

les petits poissons au vinaigre

Pour un grand bocal ou une large terrine, une semaine à l'avance :

- 1 kg d'anchois frais de Collioure, ou de lisettes qui sont de tout petits maquereaux
- 1 kg de gros sel gris de Guérande
- 200 g de carottes
- 200 g d'échalotes
- 250 g d'ail
- 10 g de coriandre
- 10 g de clous de girofle
- 10 g de baies de genièvre
- 1 litre et demi de vinaigre blanc

Préparation et macération : 3 heures, une semaine à l'avance

Coupez la tête des poissons et videz-les. Essuyez au papier absorbant. Dans un saladier rangez une couche de poissons, une couche de gros sel, une couche de poissons, etc., finissez par le gros sel. Laissez mariner 1 heure 30 minutes à température ambiante.
Sortez les poissons et essuyez-les un par un au papier absorbant. Épluchez les légumes, dégermez l'ail. Taillez les carottes en dés, émincez les échalotes et les gousses d'ail. Mélangez les légumes préparés et les épices : ce sera votre garniture. Dans le bocal, rangez une couche de poissons, une couche de garniture, une couche de poissons, etc., terminez par la garniture. Recouvrez de vinaigre et fermez le bocal. Laissez macérer une semaine au réfrigérateur avant de consommer cette pure merveille avec des tartines grillées, du beurre salé et un muscadet bien frais.
J'ajoute à tout hasard que ça se conserve 3 mois en principe, à condition de laisser le bocal bien fermé au réfrigérateur et de s'assurer que les poissons sont toujours recouverts de vinaigre. Encore faudrait-il pouvoir vérifier cette théorie, ce que je n'ai jamais pu faire vu la vitesse à laquelle tout le monde engloutit ces petits poissons.

★

L'imprévu existe aussi l'hiver, et l'on se doit d'avoir toujours chez soi de quoi confectionner impromptu de simples repas, avant de renvoyer ses connaissances dans le froid et la nuit. Veillez notamment à disposer de pâtes en permanence, spaghettinis ou *penne* qui vont à toutes les sauces, de provenance italienne, de *grano duro* et de très bonne qualité. Vous pourrez en offrir, avec une salade verte et un simple pinot grigio bien frais, assaisonnées par exemple de

la sauce aux agrumes

Pour 3 personnes :

▸ 250 g de pâtes ▸ 1 citron et 2 oranges non traités ▸ 10 cl de vin blanc sec ▸ 20 cl de crème fraîche épaisse ▸ 50 g de parmesan fraîchement râpé (ayez toujours un bon morceau de parmesan enveloppé dans un torchon en bas du réfrigérateur, c'est très utile) ▸ gros sel gris de Guérande, sel fin, poivre du moulin

Préparation et cuisson : 25 minutes

Lavez et essuyez le citron et les oranges, prélevez-en toute la peau au zesteur au-dessus d'une grande casserole, ajoutez le vin blanc et laissez réduire de moitié à découvert, à petits bouillons. Pendant ce temps, faites cuire les pâtes à grande eau salée au gros sel 2 minutes de moins que ne l'indique le paquet, égouttez à fond. Lorsque le vin aux zestes est réduit, versez-y la crème et, à reprise de l'ébullition, les pâtes égouttées. Remuez les pâtes avec une cuillère de bois afin qu'elles soient toutes enrobées, et laissez-les 2 minutes achever leur cuisson. Ajoutez le parmesan, du poivre généreusement, le jus de la moitié du citron, remuez encore et servez sans attendre, avec un petit bol supplémentaire de parmesan râpé et la salade assaisonnée de sel, poivre, vinaigre balsamique et huile d'olive.

Vous pouvez tout aussi facilement préparer une sauce mondialement célèbre et presque toujours défigurée, dont voici une version savoureuse et authentique :

la sauce carbonara

Pour 6 personnes :

▸ 500 g de pâtes ▸ 250 g de pancetta ▸ 2 gousses d'ail ▸ 4 œufs ▸ 100 g de parmesan fraîchement râpé ▸ 4 c.s. d'huile d'olive très fruitée ▸ gros sel gris de Guérande, sel fin, poivre du moulin

Préparation et cuisson : 15 minutes

Faites cuire les pâtes à grande eau bouillante salée au gros sel selon les indications du paquet. Pendant ce temps pelez l'ail, ôtez-en le germe, et coupez la pancetta en lanières moyennes. Dans une grande poêle, mettez l'huile à chauffer et faites-y dorer doucement la pancetta et l'ail pressé. Dans un saladier, battez à la fourchette les œufs, le parmesan, un peu de sel et beaucoup de poivre. Égouttez les pâtes lorsqu'elles sont à point, c'est-à-dire *al dente*. Versez-les dans la poêle, mélangez-les à son contenu, à la cuillère de bois, pendant 1 minute. Éteignez le feu et versez le contenu du saladier dans la poêle, en remuant toujours. Les œufs vont « prendre » à la chaleur des pâtes, le fromage achever une liaison veloutée, et vous verrez ce plat galvaudé retrouver tous ses mérites, qui sont grands.

★

Vous prenez soin de garder toujours au frais un paquet d'excellent saumon fumé norvégien ou écossais, dont vous garnissez vos tartines lorsque même la confection d'un œuf à la coque vous semble un labeur insurmontable. Je suppose que vous disposez également de quelques pommes de terre d'avance, notamment des rattes dont la chair parfumée et fondante est si unanimement appréciée (ma nièce, qui tape actuellement mon manuscrit pour améliorer son pouvoir d'achat, salive sur l'ordinateur). Offrez donc

le saumon fumé aux pommes de terre sautées

Pour 4 personnes :

▸ 4 belles tranches de saumon fumé ▸ 1 bon kg de rattes de petit calibre ▸ 60 g de beurre ▸ 1 pot de crème fraîche épaisse ▸ 2 citrons ▸ sel fin, poivre du moulin

Préparation et cuisson : 40 minutes

Lavez et essuyez les rattes. Faites fondre le beurre à feu doux dans une cocotte, roulez-y les pommes de terre jusqu'à ce qu'elles soient toutes enrobées, salez, couvrez et laissez cuire 30 minutes, en remuant de temps en temps pour obtenir un doré uniforme.
Disposez artistement sur quatre assiettes le saumon et des quartiers de citron, répartissez les pommes de terre brûlantes et leur beurre, poivrez. Servez sans attendre ce plat délicieux avec un bol de crème, un riesling bien frais et une salade de mâche si vous en avez.

★

Voilà un grand classique de la cuisine française, enfantin et inratable, qui donne à ceux qui l'exécutent une réputation d'experts (je me suis toujours demandée pourquoi) et dont on a en général les ingrédients à la maison.

le soufflé au fromage

Pour 3 personnes :

▸ 50 g de beurre + une noix ▸ 50 g de farine ▸ 25 cl de lait entier ▸ 50 g de beaufort, de comté ou de gruyère ▸ 3 œufs à température ambiante ▸ noix de muscade, sel fin, poivre du moulin

Préparation et cuisson : 1 heure

Allumez le four (220 °C). Beurrez un moule à soufflé avec la noix de beurre. Râpez le fromage assez fin.

Faites une béchamel. C'est simple : dans une casserole moyenne, mettez le beurre à fondre sur feu très doux, puis jetez-y la farine, poussez un peu le feu et remuez vivement à la cuillère de bois, jusqu'à ce que la masse soit brûlante, ce qui prend quelques secondes. Versez ensuite le lait et tournez sans cesse jusqu'au premier bouillon. On raconte ici ou là que la béchamel aurait une tendance torve à se mettre en grumeaux. Ce n'est pas vrai, vous le vérifierez avec ma méthode. Donnez un ou deux bouillons et éteignez le feu. Salez (pas trop à cause du fromage), poivrez et muscadez avec largesse.

Au bout de quelques minutes, ajoutez un à un les jaunes d'œufs, en tournant énergiquement. Puis le fromage, avec autant d'énergie.

Battez les blancs en neige très ferme. Prenez-en une forte cuillerée à soupe que vous mélangerez sans précaution à la béchamel, afin de la détendre un peu. Versez le reste des blancs dans l'appareil, et mêlez en tournant la masse de bas en haut, avec doigté, jusqu'à l'amalgame. Ne soyez pas trop énergique : les blancs se déliteraient et tout serait raté. Versez dans le moule et enfournez pour 25 minutes.

Voilà, c'est tout. Ça sort du four très volumineux, la croûte dorée et l'intérieur d'une tendre suavité. Il faut servir immédiatement, car le soufflé retombe vite. Offrez en même temps une salade et un vin blanc du Jura servi frais.

N.B. Si vous êtes 6 par exemple, répartissez votre appareil en deux moules : trop copieux, le soufflé ne monte pas.

Nous quitterons nos impromptus avec un dernier classique de la cuisine française, délicieux quand il est fait selon les règles, mais généralement défiguré par l'industrie et les gargotiers malhonnêtes :

la quiche lorraine

Pour 6 personnes :

▸ Une pâte brisée faite avec 200 g de farine, 100 g de beurre, 1 œuf, 1 forte pincée de sel (voir p. 169). Vous savez que la pâte brisée demande à reposer quelques heures. Je vous propose donc d'adopter ma méthode, qui est d'en faire une double, voire une triple quantité à chaque confection, et de garder le surplus au réfrigérateur dans un sac en plastique, où il se conservera sans inconvénient une petite semaine. Cela vous permettra d'improviser une autre recette les jours suivants, sans vous soucier de la pâte. ▸ 250 g de poitrine fumée, découennée et coupée en très fins lardons (ayez toujours en réserve au moins cette quantité, qui entre dans beaucoup de recettes et se conserve très bien au frais) ▸ 3 œufs ▸ 25 cl de crème fleurette (à la rigueur UHT : à la guerre comme à la guerre) ▸ 100 g de comté (facultatif) ▸ noix de muscade, sel fin, poivre du moulin

Préparation et cuisson (hormis la pâte brisée) : 1 heure

Sortez la pâte du réfrigérateur 1 heure avant de l'utiliser, soit 2 heures avant le repas.

L'heure de réchauffement passée, garnissez de la pâte un moule à tarte, piquez-la de coups de fourchette et remettez le moule au frais. Allumez le four (200 °C).

Posez les lardons dans une poêle antiadhésive et mettez à feu modéré. Tournez-les souvent : ils doivent dorer uniformément dans leur propre graisse. Versez-les dans une passoire, où ils attendront la suite.

Battez les œufs au fouet à main, ajoutez la crème, le comté râpé finement si vous en avez (la recette originale n'en utilise pas, mais je trouve cette variante nourrissante et agréable), un peu de sel, assez de poivre et quelques râpures de noix de muscade. Ce doit être mousseux et bien amalgamé.

Sortez le moule du réfrigérateur, répartissez les lardons sur le fond de pâte, versez l'appareil et enfournez pour 30 à 40 minutes. Le dessus doit être bien doré.

Servez chaud avec une salade verte et un petit vin blanc d'Alsace (du type edelswicker). La quiche est croustillante et suavement fondante, comme il se doit.

★

Il faut nous quitter...

Nos recettes s'achèvent ici, et je tiens à vous dire cette fois encore, au risque de vous lasser, à quel point votre liberté m'est chère, que vous décidiez de changer l'ordonnance des menus, d'ajouter des plats de votre cru ou d'inventer des variations de votre fantaisie. J'ai l'intégrisme en horreur, en cuisine comme en tout le reste, et ce serait affreux qu'il n'y ait qu'une seule façon de faire. Tout ce qui est vivant est divers, et la culture beaucoup plus encore que notre espèce, qui la produit.

Il faut décidément que je m'arrête : Gisou, mon éditrice que vous connaissez depuis la page 136 et qui organise tout très bien, risque de s'effondrer en larmes devant le tas de feuillets que je suis en train d'empiler en bavardant avec vous, et je ne veux pas avoir ça sur la conscience. D'autant qu'une fois cet accès de faiblesse surmonté, elle retrouverait sa pugnacité habituelle et finirait par me convaincre de couper, ce que je ne veux à aucun prix : j'éprouve encore un ressentiment venimeux pour la profession éditoriale tout entière à la pensée des recettes auxquelles j'ai dû renoncer, faute de place, lors de la publication de *Je ne sais pas cuisiner*. C'était au siècle dernier, c'est dire.

Allez ! Je vous quitte puisqu'il le faut ! Ce n'est pas sans regret : j'ai l'impression d'avoir passé en votre compagnie de longues et délicieuses vacances, dont je vous remercie avec effusion.

Bibliographie

★ Jean-Paul Aron, *Le mangeur du XIXe siècle*,
Paris, Robert Laffont, 1973

★ Fernand Braudel, *La civilisation matérielle, économie et capitalisme, XVe-XVIIIe siècles. Les structures du quotidien*,
Paris, Armand Colin, 1979

★ Brillat-Savarin, *Physiologie du goût*,
Lausanne, Éditions du Grand-Chêne, Henri Kaeser, 1951

★ Catalogue de l'exposition *Les Français et la table*,
Paris, Éditions de la Réunion des musées nationaux, 1986

★ Norbert Elias, *La civilisation des mœurs*,
Paris, Calmann-Lévy, 1973

★ Erasme, *De civilitate morum puerilium*,
Paris, Éditions Ramsay, 1977

★ Gustave Flaubert, *Madame Bovary*, Paris, Livre de Poche, 1972

★ André Leroi-Gourhan, *Le geste et la parole*, Paris, Albin-Michel, 1965, et *Milieu et techniques*, Paris, Albin-Michel, 1973

★ Claude Lévi-Strauss, *Jean-Jacques Rousseau, fondateur des sciences de l'homme*, in *Anthropologie structurale II*, Paris, Plon, 1973, et *L'origine des manières de table*, Paris, Plon, 1968

★ Grimod de la Reynière, *Almanach des gourmands* et *Écrits gastronomiques*, Paris, 10/18, 1978

★ Baronne Staffe, *Règles du savoir-vivre dans la société moderne*,
Paris, Valmonde, 1998

★ Yvonne Verdier, *Façons de dire, façons de faire. La laveuse, la couturière, la cuisinière*, Paris, Gallimard, 1979

Merci !

Le plus joli mot de la politesse est le mot « merci », et c'est avec lui que j'achève ce livre qui doit à autrui ce qu'il a de meilleur.

★ Merci à ma chère Lydia, ma première lectrice, et à ses remarques judicieuses ; à ma belle-sœur Elisabeth qui m'a pourvue en un tournemain de la plus utile des bibliographies et m'a ouvert sa bibliothèque savante ; à mon frère Michel et à mon cher Jacques pour leurs précieux conseils ; à ma nièce Alice pour son aide technique et son soutien tranquille ; aux amis qui testent mes nouvelles recettes sans rechigner, même quand le résultat n'est pas vraiment probant ; à Franz, mon mari, pour son amour, son humour et sa patience, en particulier lorsque mon ordinateur se livre à des excentricités qui échappent à mon entendement : il remet tout en ordre, me donne son mouchoir et me prend dans ses bras, de sorte que je lui pardonne instantanément l'assez faible intérêt qu'il a pour la civilisation et la cuisine qui va avec.

★ Merci aux auteurs et aux chercheurs qui m'ont appris l'essentiel de ce que je sais, et en particulier la capacité de restituer au contexte général de l'histoire des mœurs des manières de se comporter et de cuisiner qui seraient autrement des formalismes vides de sens.

★ Merci à Boris, le plus fantasque des agents.

★ Merci à Francette Drin, à l'équipe de Flammarion et, en particulier, Valérie Gautier, Axel Buret et l'Art de vivre, Gisou en tête.

★ Merci aux libraires, et merci à vous, qui me lisez.

Index des recettes

Les entrées

Les plats de résistance, les plats uniques

Les desserts

L'impromptu, le pique-nique

Les petits riens

Index alphabétique

ISBN : 2-08-202539-X
Numéro d'édition : FT2539-01
Dépôt légal : avril 2000
Imprimé par Pollina s.a. (85400 - Luçon) en avril 2000 - n° 79652